A Possible World of the All-under-heaven System

The world order in the past
and for the future

天下的当代性

世界秩序的实践与想象

赵汀阳 著

中信出版集团 | 北京

图书在版编目（CIP）数据

天下的当代性：世界秩序的实践与想象 / 赵汀阳著. —北京：中信出版社, 2016.1（2024.9 重印）
ISBN 978-7-5086-5748-6

Ⅰ. ①天… Ⅱ. ①赵… Ⅲ. ①政治哲学 Ⅳ. ①D0

中国版本图书馆CIP数据核字(2015)第296245号

天下的当代性——世界秩序的实践与想象

著　　者：赵汀阳
策划编辑：王文婷
责任编辑：赵世明
营销编辑：王雅伟　王雨
装帧设计：周伟伟
出版发行：中信出版集团股份有限公司
　　　　　（北京市朝阳区东三环北路 27 号嘉铭中心　邮编　100020）
承 印 者：河北鹏润印刷有限公司

开　　本：880mm × 1230mm　1/32　　印　　张：9.25　　字　　数：190千字
版　　次：2016年1月第1版　　印　　次：2024年9月第5次印刷
书　　号：ISBN 978-7-5086-5748-6
定　　价：69.00元

目　录

前言

天下是个饱含精神性的概念，其中有人与人的精神关系，有人道与天道的精神关系，天下的精神性几同于天，我难以描述天下的精神性，因此着墨不多。天下是一个关于世界的政治理想，本书试图以现实主义的方式去叙述理想主义的天下，表达天下之道与天下之器的距离，理想与现实的距离，历史与未来的距离。天下也是一个方法论，我也试图说明天下概念如何用来理解历史、制度和政治空间，甚至重新定义政治的概念。

天下概念所能够展开的问题很多，这个概念太饱满了。我需要找到一种尽量接近这个概念的方法。本书使用了一种可称之为“综合文本”的方法。事物本是整体，当我们试图理解事物的细节，就将事物分析为多面的，于是，政治学、经济学、伦理学、美学、社会学、历史学，等等，将整体事物切分成为属于不同学科的多个方面，各个学科都对一个事物提出了各自的问题。可是，一个学科未必能够回答自己提出的问题，因为问题的答案有可能隐藏在别的学科的领域里。虽然并非总是如此，但许多时候确实如此。比如说，有些政治问题的答案是经济，有些经济问题的答案是政治；有的伦理要解决的是政治问题，有的政治制度的依据是伦理；有的政治选择的理由不是政治，而是历史，有的历史叙事其实是神学，如此等等。所谓综合文本，就是试图复原事物的完整性，让有关这个事物的各种问题互相提问，让不同学科的知识互相说明。综合文本的方法是哲学性的，在关于天下的研究中，哲学是一种恢复事物整体性的方法，而相关问题的答案可能是历史学的、政治学的、经济学的、博弈论的或者是神学的。我希望这个关于天下的综合文本能够对得起天下概念的丰富性。

天下概念本身承载着浓重的情感，承载着整个中国的历史、传统、经验和精神，我试图将关于天下的哲学解释收敛为理性的解释，尽量避免情感叙事，避免先行的价值观。只有当一种精神能够经得起无情的论述，才可能被证明是真正普遍有效的。举个例子，在天下概念的建构中，儒家的努力最为显著，但这不等于儒家的建构是充分的，儒家的一个弱点是难以解释“陌生人问题”[1]。曾经有儒家试图对此做出辩护，但在我看来，包含情感理由的辩护不足以有效回应问题的困难所在。我愿意再次解释所谓“无立场”分析：无立场的分析就是把任何借用了价值观的解释、批判或叙事都收敛为“无情的”存在论分析——一种存在按照其存在方式是否能够有效地存在下去。或者说，不考虑情感或价值观的附加值，只考虑一种事情的行为逻辑是否可行，是否总是可行。这是前提性的问题。存在先于价值，只有能够存在，才能够更好地存在。正如理性不是反驳情感的理由，情感也不是反驳理性的理由。我相信多数人都认为和平好过战争，可是有一个伦理学丑闻：除了说出一些政治正确的废话，至今没有一种伦理学能够必然有效地反驳弱肉强食，因此，当试图证明霸权逻辑是一种错误时，就不能征用伦理学，而通过博弈论却有可能论证霸权逻辑无法长期承受博

1　“陌生人问题”是作者对费孝通关于儒家的质疑的简练概括。——编者注

弈的报复而终将遭遇“模仿的悲剧”。

另外，在史料使用方面，我的选择是，在文本之前的时代，以考古学的证据为准；在出现文本之后的时代，主要根据在历史中对人们的“思维定式”形成普遍影响的文本。比如说，关于周朝天下的描述，周朝本身的文本当然是首选，但也不排斥秦汉时期的文本。尽管秦汉文本中有一些被证明是伪托的周朝文本，然而那些秦汉文本所叙述的周朝故事已经化为人们的固定想象，这是具有实际作用的集体想象。

我关于天下体系的研究最早集中表达在2005年的《天下体系》中，出版后有幸得到许多专家学者的关注、批评和讨论。但《天下体系》只是关于天下秩序的初步研究。如今10年过去了，《天下的当代性》与《天下体系》在问题的提出、论证和叙事上都有较大差异，但在基本观点上仍然保持一致。另外，《天下体系》是由2000年写作的两篇英文论文翻译回来整编而成的，因为受限于英文能力，许多难以翻译的古代材料都忽略了。《天下的当代性》在某种程

1 赵汀阳:《天下体系》，南京：江苏教育出版社，2005年版。——编者注

度上修正了这个缺点，但仍有许多意思相近的古代材料没有引用，本书毕竟不是史学著作，还请历史学家见谅。

天下秩序的研究持续地得力于朋友和读者的批评和建议。首先我想感谢阿兰·乐比雄（Alain Le Pichon），他在2000年时力促我写作了两篇关于天下概念的英文论文；还有秦亚青、汤一介、乐黛云、童世骏、黄平、王铭铭、柯岚安（William Callahan）、弗雷德·多尔迈尔（Fred Dallmayr）、吕卡·M.斯卡兰蒂诺（Luca M. Scarantino）、彼得·J.卡赞斯坦（Peter J. Katzenstein），他们最早促进了我对天下体系的研究，提出了许多重要意见；我也要感谢安靖如（Stephen C. Angle）、雷吉斯·德布雷（Régis Debray）、杜赞奇（Prasenjit Duara）、干春松、张锋、徐昕、王义桅、高尚涛、周方银、白莲娜（Elena Barabantseva）、安东尼·卡蒂（Anthony Carty）、森迪普·瓦斯乐卡（Sundeep Waslekar）、石妮歌（Nicole Lapierre）、刘擎、白彤东、周炽成、周濂、孙曙、张曙光、徐建新、江西元，他们对天下体系的评论促使我深入了许多疑难问题；同时，我还要感谢在讨论交流中给我指出问题和给予帮助的朋友们：张万申（Jean-Paul Tchang）、汉斯·伯乐（Hans

Boller）、裴宜理（Elizabeth Perry）、雷纳·福斯特（Rainer Forst）、乔舒亚·雷默（Joshua Ramo）、弗朗西斯科·郗士（Francesco Sisci）、张宇燕、韩东育、慈继伟、吕祥、李河、程广云、张盾、关凯、赵涛、陆丁、乔良、王湘穗、潘维、阎学通、袁正清、盛洪、赵全胜、沈文璟、王健育、埃诺·鲁道夫（Enno Rudolph）、菲利普·布鲁诺兹（Philippe Brunozzi）、丹尼尔·宾斯万格（Daniel Binswanger）、叶甫盖尼·格拉奇科夫（Evgeny Grachikov）、杜瑞乐（Joël Thoraval）、迈克尔·皮尔斯伯里（Michael Pillsbury）、伊恩·约翰斯顿（Iain Johnston）、让-马克·夸科（Jean-Marc Coicaud）、车仁锡（In-suk Cha）、文正仁（Moon Chung-in）、韩相震（Han Sang-jin）、马克·西蒙斯（Mark Siemons）、约翰·G. 布莱尔（John G. Blair）。其中，张万申给我讲解了全球金融的一些复杂问题，还给了我许多不可替代的帮助；汉斯·博勒相信关系理性是一个能够修补现代个人理性缺陷的理性概念，建议我对关系理性进行更清楚的定义和论述；吕祥和关凯建议增加关于天下与中国的关系论述，因为中国是一个无法回避的问题，因此我在《天下的当代性》中专门用一章讨论了什么是中国，既是对中国的历史性质的一种哲学理解，同时也是对天下概念的历史化理解。但愿本书的论述能够部分地回应朋友们的问题。

最后我想感谢中信出版社的李楠和王文婷为此书所做的尽善尽美的安排。

赵汀阳

2015 年 8 月 18 日

以天下重新定义政治概念：问题、条件和方法

1 世界作为政治主体

中国是个故事，而天下是个理论。

全球化全方位卷入所有地方的所有事情，再无逍遥在外的存在。如果忽视这个新政治语境，就很难定位当代问题。这不仅是政治问题的变化，而且是世界在存在方式上的改变，预示着未来世界需要一种与之相应的存在秩序（order of being），一种实现世界内部化的秩序，我称之为天下体系。天下固然是中国古代的一个概念，却不是一

个关于中国的特殊概念，它所指向的问题超越了中国，是一个关于世界的普遍问题。天下指的是一个具有世界性的世界（a world of worldness）。如果把天下理解为一个动态生成过程，则意味着世界的世界化（the worldlization of world）。周朝的天下体系已经远去，留下天下概念成为我们对世界未来的一种想象。未来虽不可知，却无法沉默，那么，一种具有普遍善意的世界秩序就是更值得想象的事情。

民族国家体系、帝国主义、争霸模式所定义的国际政治概念，正逐渐与全球化的事实失去对应性。如果全球化不发生逆转的话，以民族国家所定义的最高权力以及相关的国际政治游戏终将成为过去时，而超越现代性的全球系统化权力（systematical power）和全球政治属于正在来临的将来时。

天下概念期望一个世界成为政治主体的世界体系，一个以整个世界为政治单位的共在秩序（order of coexistence）。从天下去理解世界，就是意味着以整个世界作为思考单位去分析问题，以便能够设想与全球化的现实相配的政治秩序。曾经支配世界或仍在支配世界的帝国都基于国家概念和国家利益，都指望维持支配世界的帝国主义体系，把懒得分别看待的“世界其他地方”（the rest of the world）看作是被支配的地域。帝国主义世界观把世界看成是征服、支配和剥削的对象，从来没有把世界看作是政治主体。“去思考世界”与“从世界去思考”意味着完全不同的思想语法，把世界理解为主语还是把世界理解为宾语，这是决定“存在还是不存在一个世界”（to be or not to be a world）的政治问题。天下方法论的出发点就是把世界看作是政治主体，这正是管子和老子提出的方法论：“以天下为天下”（管子）[1] 或“以天下观天下”（老子）[2]，它意味着必须以高于并且大于国家的视野去理解世界政治，以世界为尺度去定义政治秩序和政治合法性。

以世界为尺度去理解作为整体政治存在的世界，就是

---

1 《管子 · 牧民》：“以家为乡，乡不可为也；以乡为国，国不可为也；以国为天下，天下不可为也。以家为家，以乡为乡，以国为国，以天下为天下。”

2 老子《道德经 · 第五十四章》：“修之于身，其德乃真；修之于家，其德乃余；修之于乡，其德乃长；修之于邦，其德乃丰；修之于天下，其德乃普。故以身观身，以家观家，以乡观乡，以邦观邦，以天下观天下。吾何以知天下然哉？以此。”

“天下无外”原则[1]，意味着天下是个最大限度的政治世界，一切政治存在都在天下之内。“天下无外”原则依据的是形而上学的理由：既然天是整体存在，天下也必须是整体存在，才能与天相配，所谓“天无私覆，地无私载”[2]。“天下无外”原则先验地（transcendentally）预设了世界是一个整体的政治概念，那么，天下体系就只有**内部性**而没有**外部性**，也就取消了外人和敌人的概念：无人被理解为不可接受的外人，没有一个国家、民族或文化被识别为不可化解的敌人，任何尚未加入天下体系的国家或地区都被邀请加入天下的共在秩序。天下概念只是在理论上先验地覆盖整个世界，实际尚未存在。3000年前的周朝天下体系虽然只是在一个有限地区的实验，却以实践示例的方式展示了天下概念如何将外部性化为内部性，这是古代天下的最重要遗产。

既然天下的概念承诺把一切外部性化为内部性，也就

1 《公羊传 · 隐公元年 1.1.6》：“王者无外，言奔则有外之辞也”（周的天下是无所不包的世界，其中不存在外国，如果周的官员到诸侯国去谋职或避难，就不能说是出奔，不是出国，因为所有地方都属于天下）。

2 《礼记 · 孔子闲居第二十九》：“天无私覆，地无私载，日月无私照。”几乎一样的语句也见于《吕氏春秋 · 孟春纪 · 去私》：“天无私覆也，地无私载也，日月无私烛也，四时无私行也。”

在逻辑上排除了不可化解的死敌、绝对异己或者精神敌人的概念，也就是排除了异教徒概念（pagan）。这一点有别于一神教的思维格式。尽管基督教在欧洲已经退化为一种精神象征而不再是生活方式，但异教徒概念却转化为固定的思维格式而影响着政治和文化的叙事。如果找不到异己或者敌人，西方政治就好像失去了风向标，甚至失去了激情和动力。施米特深刻地解释了这种基于识别敌友并且活在永远斗争中的政治概念。[1] 无论是基督教与异教徒的斗争，还是基督教内部与异端的斗争；无论是霍布斯的丛林假定，还是马克思的阶级斗争理论；无论是基于民族国家体系的国际政治理论，还是亨廷顿的文明冲突理论，这些斗争观念都与敌友政治的概念密切相关。与此相反，天下概念假定，必定存在着某种方法能够将任何他者化入共在秩序中，即使某个他者坚决拒绝加入天下体系，也必定存在着能够相安无事的共在方式，于是，任何具有外部性的存在都是需要化解的问题而不是征服的对象。

在对立斗争与化外部性为内部性的两种政治之间，我

1 施米特指出，政治要义是“区分敌友”。（参见Carl Schmitt.*The Concept of the Political.* Chicago: The University of Chicago Press, 1996.）

们看到了两种政治概念的哲学分歧。我试图论证，对立斗争的政治概念所表达的并非真正的政治，而是斗争或战争。冲突和斗争是人类的基本事实，但如果政治只是研究如何把斗争进行到底，就无法解决冲突的问题，反而是冲突的继续和强化。如果一种理论只能把现实变得更差，那么我们不需要这种理论。对立斗争的政治概念仅仅重复了现实问题而没有解决问题，因此，对立斗争的政治在理论语法上是一个谬误（grammatical fallacy in theorizing），甚至是加重人类灾难的存在论谬误（ontological fallacy）。战争或斗争正是政治无效率的表现，甚至就是政治的失败。假如政治不是用于建构人类的共同生活，假如政治不是用于建构一个和平的世界，其意义何在？斗争的政治既不尊重人类，也不尊重世界，所以需要颠覆以斗争为核心的政治概念，代之以共在为核心的政治概念。一句话，政治必须尊重世界。

2 最坏可能世界与最好可能世界

没有共同生活就没有政治。为了分析政治的基因密码，哲学家假设了理论实验的政治起点，所谓“初始状态”

(original situation)[1]。如果一个初始状态包含了政治概念的核心基因，就能够解释政治的秘密。一个具有普遍说明力的初始状态必须具有覆盖一切可能性的能力，因此也就不能采用罗尔斯的“无知之幕”假设（或者类似的假设），因为无知之幕屏蔽掉了最坏可能性（例如霍布斯状态）而弱化了政治的条件，也就不具有普遍有效性，其有效性至多局限于契约问题。[2]真正具有普遍解释力的初始状态是霍布斯假设和荀子假设。霍布斯的自然状态假设虽不真实，却蕴涵了几个最重要的政治因素：（1）政治概念必须把最坏可能性考虑在内，否则不具有普遍解释力。（2）安全是第一需要。（3）任何他者都不可完全信任。霍布斯假设的优势

1 初始状态最早的说法是霍布斯的自然状态，但当代通常采用罗尔斯的说法，称为初始状态，它比自然状态所容纳的可能性多一些，可以是纯属想象的理论上的初始状态，不必是自然状态。[可参考作者在另一著作《第一哲学的支点》（北京：生活·读书·新知三联书店，2013年版，151~172页。）中专门论述此问题的章节“初始状态与演化状态”。——编者注]

2 即使就契约问题而论，罗尔斯假设也不能必然推出罗尔斯结论，至少有两个逻辑漏洞：（1）在无知之幕的条件下，根据风险规避原则（risk-aversion），人们选中平均分配财富的共产主义社会的可能性大过选中罗尔斯推荐的自由竞争而补贴穷人的新自由主义社会；（2）在无知之幕消失之后，根据个人利益最大化原则，至少有一部分人更愿意修改或破坏契约，而不会继续接受无知条件下签订的不利契约。

在于它显示了最坏世界的极限，但也有一个弱点，它排除了合作的基因，这样的话，人类由冲突向合作的演变就缺乏必然理由了。霍布斯想象的解决方式是强者集团建立秩序，但这个设想仍然有个漏洞：有力量建立秩序的强者集团必定是内部团结的，那么，这个强者集团是如何形成合作的？根据霍布斯的人人互相为敌假设，又如何能够形成一个互相信任的强者集团？显然，冲突不可能自动转化为合作，除非**本来就**存在着某种合作基因。这正是被霍布斯所忽视的那个能够使冲突转为合作的变量。

荀子可能最早讨论了初始状态问题，比霍布斯早了1000多年。与霍布斯不同，荀子的初始状态预设了合作基因，即首先假定群体先于个体。荀子指出，个人能力如此弱小甚至不及牛马，群体合作是每个人得以生存的条件，因此，合作必定先于冲突，所谓“人生不能无群”[1]。我把这个假设演化为一个存在论原则：**共在先于存在**，或者说，共在是存在的条件。荀子从经济角度分析了政治秩序的形成：“人生而有欲，欲而不得，则不能无求。求而无度量分界，则不能不争；争则乱，乱则穷。先王恶其乱也，故制

1 《荀子·王制》。

礼义以分之”[1]。荀子发现了一个貌似悖论的现象：合作导致冲突。就是说，合作创造了更大的收益，却又因此引发分配不公而导致冲突。为了使合作变得稳定可信，就需要把合作基因制度化。荀子假定了合作基因从而避免了霍布斯的困难，但荀子假设并不能完全覆盖霍布斯的问题。霍布斯假设虽然难以解释集团内部的合作条件，但对于无政府状态的冲突问题却有良好解释力，因此，荀子和霍布斯的互补能够合成一个充分的初始状态理论来表达政治问题，可以称作荀子—霍布斯假设，即群体对内团结而对外战争的初始状态。

政治的伸展幅度是由最坏可能世界和最好可能世界两个极端所定义的空间。霍布斯已经定义了最坏可能世界，那么，最好可能世界会是什么样的？假如霍布斯定义的最坏可能世界是可能世界集合（the set of possible worlds）的一端，那么，根据对称性原理，可能世界集合的另一端应该是具有相反性质的世界，即一个消除了不安全、不信任、不合作、匮乏和孤独的世界。有趣的是，人对最好可能世界的想象往往与最坏可能世界并不对称，人贪心地期望一

1 《荀子 · 礼论》。

个实现所有好事的世界，比如说一个自由、平等、博爱、公正、善良、和平、物质极大丰富、没有剥削、没有压迫、没有等级、人人实现自我、人人不再异化、人人幸福的世界。这个世界神话同时还需要现代进步论的历史神话加以鼓励，可问题是，完美世界并不是一个可能世界，而是一个不可能世界，因此，最好可能世界仍然不清楚。

人的自由不足以超越人性自然界限。在孔子看来，人情是“圣王之田”[1]，只能在人情范围内去耕作[2]，而无法超越人情去建立不可能的世界。耕作人情之田就是在人情所允许范围内去调节人情而不能违背人情。孔子不是理想主义者，而是现实主义者，他心目中的最好可能世界是一个“大同世界”，即一个为所有人所共享的互信互助的高度安全世界，尤其是一个让竞争谋略失效的和平世界：“大道之行也，天下为公（the world as common property），选贤与

---

1 《礼记 · 礼运》：“故人情者，圣王之田也，修礼以耕之，陈义以种之，讲学以耨之。”

2 《礼记 · 礼运》：“故圣人作则，必以天地为本，以阴阳为端，以四时为柄，以日星为纪，月以为量，鬼神以为徒，五行以为质，礼义以为器，人情以为田，四灵以为畜。”这是传说的孔子言论，可能是孔子后辈学生加工发挥的。

能（这一点接近柏拉图的想象），讲信修睦（与霍布斯丛林相反的安全状态）。故人不独亲其亲，不独子其子，使老有所终，壮有所用，幼有所长，矜寡孤独废疾者皆有所养，男有分，女有归。货恶其弃于地也，不必藏于己；力恶其不出于身也，不必为己。是故谋闭而不兴（这一点最重要，如果有一种存在秩序能够导致所有竞争谋略失效，就必定是和平世界），盗窃乱贼而不作，故外户而不闭，是谓大同。”[1]尽管这个最好可能世界从未实现，却仍然是现实主义的，并非不可能达到。大同世界考虑的都是属于安全、和平、互信互助的生存条件，却没有要求文化或宗教的统一。这意味着，孔子的世界承认生活的多样性，仅仅要求多样性的兼容性，而不要求统一性。正如《中庸》所解释的："辟如天地之无不持载，无不覆帱……万物并育而不相害，道并行而不相悖。"[2]意思是，一个社会要像天地兼容万物那样兼容各种生活方式。这里有个形而上学假设：天地是一切可能性的界限，也就是最终的参照标准，既然天地具有兼容性，所以天下也必须具有兼容性。这与莱布尼兹想象

1 《礼记 · 礼运》。

2 《礼记 · 中庸》。

的上帝标准非常相似，莱布尼兹“逻辑地”推想上帝的世界标准是万物的共可能性（compossibility）。[1]

我所想象的未来天下体系大致满足孔子的兼容性标准或者莱布尼兹的共可能性标准。天下体系并非理想主义的幻想，它没有许诺人人幸福，只是一个有望保证和平和安全的体系，其制度安排的关键在于使竞争或敌对策略无利可图，更准确地说，使任何试图摧毁他者的行为都无利可图，因此能够确保使共在成为存在的条件。简单地说，天下体系期望的是一个以共在为原则的世界存在秩序。

3 政治的存在单位

政治问题取决于政治的存在单位（political units）。政治单位（体系或实体）定义了政治存在的内部性和外部性，决定了政治问题的规模、利益的结算方式和权力的运作。比如说，个人是最小的政治单位，它定义了个人利益、个人权利、排他的利益结算方式以及相关的政治问题。多层

1 可参考作者专门论述此问题的文章《时间的分叉——作为存在论问题的当代性》，见《哲学研究》2014 年 6 月。——编者注

次的政治单位就构成政治框架而定义了政治空间，决定了哪些政治行为和政治问题是可能出现的或不可能出现的。

在中国传统政治哲学框架里，政治单位具有三个层次：天下—国—家。个人只是一个生命单位，还部分地是一个经济结算单位，却不是政治单位，所以古代中国没有产生出政治自由和个人权利的政治问题[1]，直到现代中国引进了西方的个人概念才使个人变成一个政治单位。在天下—国—家的政治框架里，天下不仅是尺度最大的政治单位，而且是整个框架的最终解释原则。这意味着，天下定义了政治全语境，一切政治问题都在天下概念中被解释。在这个政治空间里，政治解释形成了“天下—国—家”的包含秩序（inclusive order），而其伦理解释则形成“家—国—天下”的外推秩序（extending order），两者形成互相解释的内在循环。

现代政治框架是由“个人—共同体—民族国家”的结构所定义的，国家已是规模最大的主权单位了，未有国家

1 五四运动以来有批评认为中国文化反对个人自由和权利，这种理解并不符合历史语境，事实是，因为个人没有成为一个政治单位，所以不存在（而不是反对）个人自由和权利问题。

之上的世界政治主体。个人是现代政治框架的基础，同时也是对整个政治结构的最终解释——与天下作为政治结构的最终解释正好相反。“个人—共同体—民族国家”的政治系统与“天下—国—家”的政治系统之间形成一种齿轮式的错位契合而形成结构上的互补性。这种互补性可以扩大政治世界的容量，有助于建构政治新概念。如果缺少“个人”层次，每个人的自主性（autonomy）就没有政治保障；如果缺少“天下”层次，世界制度就无所依据，也就无法超越无政府状态而达到世界和平。尤其是，全球化正在逐步形成摆脱国家政治和国际政治控制能力的新权力，假如不能建立与全球政治相配的世界制度，全球政治有可能变成失去控制的危险游戏。

现代政治产生了两种政治问题：国家政治和国际政治。国家政治的性质、目的和规则已经非常清楚明确，而国际政治的性质、目的和规则却具有不确定性，甚至很难确定国际政治是在力图解决国家之间的冲突还是制造更多的冲突。国际政治没有属于自身的独立目标和理想，而是国家政治的派生，是服务于国家利益的对外策略，因此国际政治只是国家政治的附庸。康德曾经提出过令人敬佩的设想，他意识到战争不可能解决国家之间的利益冲突，因此必须有一个永久和平方案。但康德想象的“自由国家联盟”并没有超越以民族国家为基础的国际政治概念，康德方案不仅对付不了后来亨廷顿提出的文明冲突问题，甚至无法确保国际联盟的稳定可信性。追求排他利益最大化的国家与追求自私利益最大化的个人是同构的，如果缺乏稳定可信的共同利益或互相依赖的生存条件，即使文化高度相似的国家联盟也是不可信或不稳定的。在技术和经济水平高度不对称的现代世界里，支配和剥削“世界其他地区”的帝国主义必然成为强国的占优策略（dominating strategy）。然而，压迫和剥削世界只能获得暂时成功，帝国主义无法消除反抗，也无法防止竞争者的策略模仿，因此不可能长期成功。马克思指出资本主义总会培养它自己的掘墓人，看来帝国主义也一样。但马克思按照阶级理论而想象的“国际主义”也是不可信的。在竞争性的民族国家体系里，各国无产阶级之间的利益冲突甚至大过各国资产阶级之间的利益矛盾，因此，各国无产阶级联合起来的可能性小于各国资本家联合起来的可能性。除非世界在存在秩序上发生实质变化，否则国际矛盾难以得到有效解决。我们无法指望国际政治，支配、平衡、遏制、制裁、干涉甚至战争、地缘政治、文化霸权（hegemony）各种策略不仅没有解决冲突，反而还加深了矛盾；我们也无法指望世界主义或国际主义的伦理想象，道德乌托邦无力改变人们的利益选择，只能把生活的荒谬性衬托得更加显眼。在世界成为普遍共享的世界之前，世界公民何以存在？又何处存在？我们需要想象未来，却不能预支未来。

国际政治不但无力解决国际冲突，而且还在继续研究如何击败对手的敌对策略。这件怪事其实不怪，既然在民族国家体系的条件下不存在解决冲突的良方，就只能斗争到底。国际政治策略一点也不愚蠢，事实上都太过精明。可问题就在这里：为什么有了足够精明的理论、策略和经验，却仍然毫无解决问题的希望？事实证明，除了微不足道的争议，国际政治没有解决过任何一个深刻的冲突，比如巴以冲突、中东问题、西方与俄罗斯的冲突或者美国与中国的矛盾。政治分析家总能够为政治失败找出种种偶然失手的原因，也有些道理，但真正致命的原因是因为竞争对手的策略也同样精明，甚至有着策略上的共同知识（common knowledge），于是冲突的僵局就难以避免。只要竞争双方谁都不傻，又都不善良，再精明的策略也无济于事，即使取得暂时优势也会因为对手的策略模仿或策略反制而功败垂成。国际政治的策略和理论已经发挥到极致，不是无法发展更精致的策略，而是无论多么精明的斗争策略都注定失效，这意味着国际政治的局限性，意味着国际政治概念正在逐步失效。在全球化条件下，国际政治理论只能收缩为局部斗争理论，已经无力解释整个世界的政治问题。

全球化改变了世界的存在方式以及人类的生活方式，也因此必定改变政治问题。正是全球化的来临使国际政治的缺陷暴露出来，国际政治无力应对全球化导致的新问题，对于全球问题来说甚至文不对题。共同生活的概念不再仅仅属于民族国家内部或者共同体内部，而正在逐步成为世界规模的共同生活，同时也形成了超越民族国家体系的权力运作问题，当世界所有国家更加紧密地互相依存，就会提出世界的主权问题。因此，在国家政治和国际政治之外，显然需要第三种政治概念，可以称为“全球政治”或“世界政治”，这种政治新概念把整个世界理解为最大尺度的共同生活条件，以此去理解和解释世界中的政治问题。这意味着，全球政治的核心问题是“世界的内部化”，也就是把世界变成天下。

4 世界的内部化与世界主权

尽管国家政治顺理成章地发展出了国际政治，但国际政治却不可能进一步发展出全球政治。国际政治与全球政治在政治逻辑上是互相矛盾的，因此国际政治不是全球政治的基础，这意味着政治理论需要寻找另一个出发点。现代政治的游戏规则主要由个人和民族国家决定，而现代政治制度的最大应用范围到国家为止，在国家之外的世界中只有战略而无制度，于是，主权止于国家边界，政治就止于国家边界，而政治进入外部世界就变质为对抗甚至战争。与其说战争是政治的延续（克劳塞维茨的观点），还不如说战争是政治的失败，是政治无计可施之后的赌博。正因为世界被看作是外部存在，所以国际政治的真实含义是伪装为政治的战争，这种政治其实是政治的反面。现代政治的对抗逻辑注定它无望终结世界的无政府状态和冲突问题。无论一个国家内部有多么良好的秩序，也会在世界的整体无序中受到威胁，甚至被卷入到无法自拔的混乱中。当全球化使政治发展为世界规模的问题，国际战略就无能为力了。

有些现代哲学家早就意识到现代政治的隐患。康德就认为应该把国际法发展为世界法（cosmopolitan law），每个人不仅有各自国家的公民权，同时还有“世界联邦”（cosmopolitan commonwealth）的公民权而成为世界公民。可是，如前所言，在世界成为共享世界之前，世界公民无以存在，而是一个伪身份，在此，世界公民的想象显然预支了未来。康德自己也发现世界联邦的想象不可靠（或可导致独裁统治），于是最终相信还是“主权国家的自由联邦”最好。哈贝马斯也同样认为联合国应该把国际法转化为世界法，而人权可以作为世界法的基本原则。可是这些努力有一个共同弱点，就是没有把“最坏可能性”考虑在内，也就经不起深刻的利益和文化冲突的挑战，而且还暗含一种自相矛盾：在试图超越现代政治局限性的同时又维护现代政治逻辑。康德的理想或可应用于文化高度相似的地区（比如欧洲），但终究缺乏解决世界问题的能力，比如说文明冲突、金融战争或霸权统治，甚至无力保证联盟合作的长期稳定可信性（欧盟的分歧就是现实例子）。哈贝马斯指望的人权原则更是当代流行的想象，但人权概念暗含许多无解的“伦理两难”[1]：假如每种人权都是至高无上的绝对权利，那么，各种人权之间的冲突怎么办？既然每个人的人权都是绝对权利，那么，各人的人权之间发生冲突怎么办？或者，一个地区的人权与别的地区的人权发生冲突怎么办？所有这些两难困境应该如何裁决？假如能够裁决，则意味着另有高于人权的原则；假如不能裁决，则意味着人权蕴涵悖论。人权无疑是伟大的，问题是，人权理论至今仍然尚未完善，仍然存在内在矛盾，因此不足以用于解决冲突。现代政治还试图通过谈判、讨价还价、签订契约去解决问题，且不说国际契约并不真正可靠，更重要的是，对于那些不能谈判、不可宽恕、无法达成契约的利益和权力冲突或者宗教和文化分歧，又怎么办？尽管亨廷顿对世界形势的分析包含许多误判，但他提出的问题足够强劲，从康德到罗尔斯或哈贝马斯，其理论都没有能力回答亨廷顿的文明冲突问题。

1　伦理两难是诸善之间不能两全的情况，比如是否应该牺牲一个人的生命去拯救其他人。

导论

现代政治的基本精神是划分（dividing），就是划分各种“边界”：个人权利是个人的边界，主权是国家的边界，可同时也是分裂世界的逻辑。现代政治的这个内在矛盾一直难以解决。现代政治为了保护一切边界而专注于寻找外部敌人，没有敌人也要定义敌人，这种分裂的政治处处可见，从异教徒意识到种族主义，从热战到冷战，从殖民主义到人权干涉，从经济和军事霸权到金融霸权、技术霸权和文化霸权，甚至在星球大战之类的幻想中也可以看出寻找敌人的冲动。把自己和他者划清界限，把本来并不对立的事情对立起来，这样的政治不可能意识到世界内部化才是政治的根本问题，也就不可能把世界理解为政治主体，也不可能界定世界利益，更不可能意识到世界需要世界的主权。因此，当分裂的政治遇到互相冲突的难题时，所能够想到的和平方案就是“组装”各种国际联盟或者阵营之类的联合形式。可是，世界不可能组装起来，因为互相对立冲突的事物是不可能组装的。突出战争概念的霍布斯传统，或者突出竞争概念的洛克传统，还有谋求和平契约的康德传统，尽管都深知冲突的危害，但都因为先验地假定了他者的外部性而不可能消除主体间

（intersubjective）的紧张和冲突。

关键的事实是，全球化改变了世界的存在方式以及政治问题的性质，而现代政治对于政治的新问题失去了解释能力。试图对现代政治概念进行修修补补是无济于事的，而只能承认现代政治哲学是不完整的政治理论，只要缺少世界内部化的原则，就难以解释在国家政治之外的政治行为的合法性。现代政治哲学所定义的政治概念在普遍可行性和普遍合法性上都存在许多疑点，比如说，现代政治相信民主是普遍有效的，但如果把国家民主升级为全球民主，估计所有发达国家都不会同意（热爱民主的罗尔斯就反对全球民主）；公正也同样被认为是普遍有效的，但发达国家或资源丰厚的国家大概不会接受全球公正；假如大量人口以世界公民和全球自由为名要求自由移民，发达国家或自然条件优越的国家恐怕也不会同意，等等。可见现代政治哲学所推荐的价值或制度仅在民族国家的排外条件下有效，而如果升级为全球制度就会造成灾难性的后果。这意味着现代政治哲学并非普遍有效的政治理论，而仅仅是国家理论。为了能够解释世界政治问题，我们需要为政治寻找一个新的起点。

首先需要的是世界内部化原则。假如一种政治游戏规则是普遍有效的，就必须对于整个世界是普遍可行的。只要存在着部分不可合作或被排斥在外的政治空间，这个政治游戏就不是普遍有效的，必定存在着它无法消除的负面外部存在，而这正是冲突的根源。因此，一个普遍有效的政治游戏必须具有充满整个世界而通达每个政治层次的传递性（transitivity）和系统的协调性（coherence）。就是说，一个政治游戏必须在所有地方（每个国家和地区）和所有关系中（每个人之间的关系或每个国家之间的关系）都同样可行而不构成对任何地方或任何人的伤害，否则必定存在着无法化解的冲突。毫无疑问，世界永远都会产生冲突，这是生活事实，不可能真有一个完全“和谐”的世界。一个政治游戏的普遍有效性在于它有能力不断化解不断出现的冲突，而不可能阻止冲突的出现。天下体系期望达到“协和”（compatibility）的政治，所谓“协和万邦”，语出最古老的政治文集《尚书》[1]。协和性意味着一种能够化敌为友

1 《尚书·尧典》：“曰若稽古帝尧，曰放勋，钦明文思安安，允恭克让，光被四表，格于上下。克明俊德，以亲九族，九族既睦。平章百姓，百姓昭明。协和万邦，黎民于变时雍。”

而以兼容性去保证和平的政治。从根本上说，如果一种政治不以“共在”（coexistence）作为其存在论假定，就无法想象世界的内部化。根据共在存在论，如果不同的存在者之间能够形成必要而非偶然的互相依存关系，就能够形成良性的共在循环。对于世界内部化，稳定可信的共在性（co-existentiality）就成为关键问题。

儒家哲学选择以家庭作为共在的基本单位，希望把家庭的共在性层层推广到更大规模的共在单位上，最终会形成四海一家的天下。费孝通曾经质疑这种一厢情愿的儒家想象：家庭性一旦推广到陌生人那里，家庭性的基因就变得非常稀薄以至于基本上失去效果。[1]尽管家庭性是内部性的最佳状态，但世界却难以达到家庭性，因此，天下—国—家之间只是部分同构，并非完全同构。老子提出了一种更接近现实的方法论：“以身观身，以家观家，以乡观乡，以邦观邦，以天下观天下。吾何以知天下然哉？以此。”[2]这意味着，要理解x就只能从x本身去理解。如果采取老子的

1　费孝通:《乡土中国》，北京：生活 · 读书 · 新知三联书店，1985年版，21~33 页。

2　老子:《道德经 · 第五十四章》。

观点，就能够更合理地解释世界内部化的原则。世界内部化就是使世界成为容纳一切的（all-inclusive）天下，也就是“无外”的天下，从而使世界只有内部性而不再有无法克服的外部性，不再把他者识别为无法共同生活的异己，不再把不同的价值观定义为不可接受的异教（paganism）。这是永久和平、普遍安全甚至普遍合作的必要条件。世界内部化或许达不到儒家的四海一家理想，却是一个现实可达的可能世界。消除了外部性而只有内部性的世界意味着共存与合作的诱惑**总是大于**敌对的诱惑，而只有当共在的诱惑大于敌对的诱惑，和平和安全才是稳定可信的。

世界内部化所担保的全球安全在可信度上明显超过由国际协议或均势所担保的国际安全。国际政治的两种主要的和平策略其实都很不可靠：（1）霸权体系治下的和平。这种支配性的体系没有能力完全控制世界，无法阻止新兴力量取而代之（历史不断证明这一点），而且，霸权体系的压迫和剥削总是引起反抗或不合作（哪里有压迫哪里就有反抗）而导致体系瓦解。（2）实力均势。负面的均衡并没有解决冲突而只是僵局而已，而且均势总是很快就在列强的竞争中被打破，而无限升级的竞争不仅导致各方实力衰竭，而且存在着铤而走险的战争可能性（历史也不断证明这一点）。即使达到“确保互相摧毁”的均势，也无法阻止破坏性的变相战争（经济斗争、金融斗争和文化冲突等），最终会导致集体衰退以致衰落。博弈论家一直苦苦寻求冲突演化为合作的途径而无法获得真正的解决，根本原因是，这个困难并不属于知识论问题，而是存在论的困境，因此，冲突到合作的演化不可能指望某个理论模型，而只能指望存在秩序的实质改变。给定博弈各方都永远追求自私利益最大化，互相构成负面的外部存在，那么冲突必定无解。除非能够改变博弈的存在论条件，才有可能改变游戏规则。只有通过世界内部化而使共在成为存在的必要条件，才能够形成新的存在秩序，才能够进一步导致游戏规则的变化，化冲突为合作才会成为可能。

世界内部化之所以长期没有成为必须思考的问题，是因为在全球化之前，国家之间的互相依存尚未达到难舍难分的程度，也因此尚未形成超越国家利益的世界共同利益，也就不存在世界共同的政治问题。全球化创造了世界互联生活，经济、市场、金融、技术和文化的全球化使每个人的生活不仅属于某地（somewhere）而且同时属于世界所有地方（everywhere）。如果目前尚未如此，不远的将来也必将如此，互联网就是全球性的预言。全球化并非只是高度发展的互通（communication），而是正在创造世界万事万物的“跨存在”（trans-existence），所以说这是一种存在论意义上的变化。正在来临的全球政治意味着需要在世界内部化的条件下去重新制定游戏规则、重新建构权力、重新分配利益和资源、重新叙述历史和知识，因此需要与之相配的政治原则和制度来保证全球共同生活的秩序以及政治合法性。这其中的问题逻辑是：全球化必定提出世界内部化的问题，世界内部化意味着需要建构一个新天下体系，而新天下体系意味着确认世界作为政治主体而拥有世界主权。

关于世界主权，我没有能力想象它的权力细节，但可以参考周朝天下体系的某些制度安排去想象世界主权。我的想象是，至少需要两条基本规则：（1）世界主权虽然高于国家主权，但没有取消国家主权，而是对国家主权的一种外部限制。于是，世界主权与国家主权形成分治一体的格局，即国家的内政仍然归属国家主权，而国家的“外政”，或者说国家的对外行为的仲裁归属世界主权。简单地说，国家之内归国家主权，国家之外归世界主权。（2）所有涉及人类集体命运的事务都归属世界主权的管辖，特别是全球金融系统、高端技术系统、互联网等等全球化的权力，必须归属世界主权而加以控制和公正使用。我相信，除非世界出现异常的变化，否则，世界内部化和世界主权问题将在未来成为政治的根本问题。

目前的世界仍然还是个“非世界”（non-world），只是地理存在，而不是政治存在。未来最重要的政治问题就是如何创制世界，即完成世界的内部化。当政治的规模发展到了以世界为单位，政治问题也就发展到了理论限度，所有可能的政治问题将全部出场，世界内部化将成为政治的最后问题——这不意味着政治的终结，而是说世界内部化将成为包含着一切政治问题的框架，因此它也能够成为反思政治谜底的一个元概念（meta-concept）。世界内部化的问题将说明，政治不是别的，而是共同生活的艺术，是创造所有人的存在之共在性的艺术，也就是把纷争的空间变成共享的世界的艺术。在这个意义上，政治意味着战争的终结，或者说，如果一种政治不能终结战争，那么就尚未完成政治之使命。

事实上，世界的变化已经走在思想前面，全球化每天都在形成世界的内部化，但是，全球化是否能够自动发展出一种合乎理性的世界秩序？或者，全球化自动生成的秩序是否会成为一种共在秩序？是否能够形成人类普遍接受的共同生活？这却是个不容乐观的问题。我们必须把全球化可能产生一个坏世界的情况考虑在内，比如说，一个高度技术化的世界或许更有利于世界的专制，高度技术化将更容易系统化地支配、管理和控制一切生活细节，甚至导致心灵的体制化，自由将可能变得有名无实。我们无法排除这种技术专制的可能性。假如高端技术系统与全球金融资本系统形成共谋，就有可能形成一种历史上从未有过的新型权力，一种无边界的系统化权力（systematical power），而统治绝大多数人甚至所有人。由技术和资本所定义的世界秩序有可能是一种高效率的秩序，却恐怕不是良好生活的秩序，借用马克思的概念，很可能是一个导致人人“异化”的秩序。

荒谬的是，现代性创造了全球化，而现代性却无法解决全球化所带来的问题。为什么现代性没有能力为自己生长出来的全球化问题负责任？其中有一个容易被忽视的根本原因是，现代技术和资本的逻辑与现代政治的逻辑之间并不协调，现代技术和资本的发展需要通过全球合作而达到最大化，而现代政治却试图通过分裂世界而以帝国主义方式去支配世界。事实证明，技术和资本的最大化目标与全球化步调一致而得以迅速发展，而跟不上全球化的现代政治却迅速衰落，世界各处的人们接受了技术和经济的全球化，却难以接受被支配。于是，现代技术和资本成了现代政治的掘墓人，同时也成为全球政治的物质基础，也就是成为了世界内部化的物质基础。如果冲突的事物能够形成兼容性，就必定需要形成存在的共在性，因此，世界内部化需要通过建立全球共在系统去实现，而技术和资本的全球化为世界的内部化提供了物质条件。但是，技术和资本只谋求自身的无限扩张，对世界利益毫不关心，甚至对无限发展的危险视而不见。在操作上最为理性的技术和资本却在目标上是非理性的，这种非理性的理性有可能使世界陷入无可救药的灾难。因此，世界需要主权，世界需要成为天下，需要一个全球政治系统去建立新的存在秩序，去建构全球公正，去控制技术和资本的非理性发展，使世界成为一个安全和平的共同生活空间。

5 关系理性

现代政治哲学的核心问题是利益、权力和权利的**分配**（distribution），因此是一种应用哲学，而且是斗争哲学，类似于法家和纵横家所研究的统治和竞争的谋略政治，属于“术”；而试图建构人类存在秩序的政治哲学属于“道”，所思考的问题是，何种存在秩序是对共同生活的**积善**（contribution）。如果政治是建构存在秩序的艺术，就必定是为了和平而不是为了斗争，因此，斗争理论只是技术，而和平理论才是艺术。

存在是为了永在，这是存在自身的定理。斗争也是为了能够存在，但问题是，斗争不可能确保永在，事实上斗争只是迫不得已的高风险赌博行为，并非存在之本意。正如苏格拉底指出的：无人故意犯错误（no one errs knowingly）。在这里可以理解为，只要有更好的选择，人不可能故意冒险斗争。在这个意义上，现代政治哲学只是关于人类错误行为的研究。这种政治研究虽是必要的，却尚未触及政治的根本问题。权力和利益分配（the distribution of powers and interests）只是人类共同生活的技术性问题，促成共在的善举（the contribution to coexistence）才是共同生活之根本所在。可以说，寻找敌人的政治其实是政治的反面，化敌为友才是政治。如果把所有严重破坏对方生存条件的敌对行为都理解为“战争”（包括军事战争、经济战争、金融战争、文化战争和生物学战争，等等），那么，除了自卫战争，一切战争都是非理性的。取得胜利的战争似乎达到了理性的“预期效果”，但如果从足够长的未来去看（比如说满足布罗代尔标准的“长时段”），那么，任何破坏性的敌对行为终究是非理性的错误。我们需要一种把“未来性”考虑在内的存在论观点，它至少能够在理论上证明，即使一种行为对于直接目标来说是理性的，如果它引起的未来后续结果是互相报复的破坏性互动，那么仍然应该被视为非理性的行为。

我们可以设计一个“普遍模仿”的理论实验：给定荀子—霍布斯的博弈语境（这是解释力最大的语境），在其中每个博弈者都具有个人理性，都追求自身利益最大化，都有足够的学习能力。在这样的条件下，人人都能在博弈过程中互相学习别人更高明的谋利策略，并且在接下来的博弈中模仿所习得的优势策略或者采取有效的反制策略。在多回合的长期博弈中，能力更强的人不断推出更高明的策略以确保优势，但任何策略的领先总是暂时的，那些高明的策略很快就变成了共同知识（common knowledge）而被大家所模仿，于是，策略的对称性很快消除了博弈优势。假定存在着一个有限量的策略集合，那么最终将出现“集体黔驴技穷”状态；假定存在着一个无限量的策略集合，由于策略的创新速度赶不上模仿速度（模仿的成本低于创新成本），因此同样也会出现“集体黔驴技穷”状态。总之，策略创新的领先性不断递减，当各种优势策略都已经出现并且被大家普遍模仿，人们拥有了饱和的共同知识或对称知识（对称的知己知彼），“集体黔驴技穷”现象就不可避免，于是达到稳定策略均衡。

问题是，一个被普遍采用的稳定策略有可能是人人受益的善策略，也可能是人人利益受损的恶策略。对此，唯一的客观检验标准是：如果当一个策略被普遍模仿而不会产生**报复性**，就是一个普遍受益的善策略。换句话说，如果一个策略被普遍模仿而不会形成作法自毙的回弹报应，那么，这个策略就是经得起模仿考验的善策略；反过来，如果一个策略被普遍模仿，结果形成以其人之道还治其人之身的效果，导致始作俑者自取其祸，就被证明为恶策略，必定形成“模仿的悲剧”。由此获得两个推论:（1）如果一个策略必定引发报复,就通不过模仿的考验，这种策略就是非理性的;（2）并且引发报复的策略必定形成循环报应的困境，因此，无论这种行为对于其直接目标是否是理性的，经过普遍模仿而形成的循环行为加总（aggregation）也必定使之形成集体非理性。这说明，仅仅满足个人理性的行为并不能保证它是普遍理性的行为——未来的报复力量可能证明它是非理性的，或者说，一个行为并不能仅凭这个行为自身的理性算计而证明它是否是理性的，个人理性只有当它能够必然导出集体理性才是真正理性的。

这个结果质疑了现代的“个人理性”概念。个人理性通常意味着每个人都以自己利益最大化为行为目标，能够逻辑地算计利益得失，而且对可能选项集合的偏好排序是一致的（consistent）而不是循环或自相矛盾的。可是，个人理性只是单边的理性考虑，并没有理性地思考自己与他者的互动关系是否最优。事实上，每个行为不仅选择了目标，同时也等于自动选择了某种互动关系，关键在于，未来是由互动关系决定的，这意味着，未来是多方行为共同确定的，个人理性不可能确保一种符合自己利益的未来。充分的理性必须是在互动中仍然普遍有效的理性，或者说，当未来的互动性被计算为一个变量而仍然能够保证安全最大化和利益积累最大化，才是充分的理性。个人理性不足以保证和平安全，反而增加敌意和风险；不能增进互相信任，反而增强互相怀疑，甚至产生作法自毙的后果，所以我们有理由寻找一种在互动关系中仍然有效的理性概念。

普遍模仿的测试显示，个人理性（individual rationality）不足以充分表达人类理性（reason）的概念。所有经得起普遍模仿考验的行为策略必定在个人理性之外还同时使用了另一种理性，否则人们不可能选择共享利益。历史事实说明，人类毕竟维持着很多合作（荀子假设是正确的），不至于陷于丛林状态。按照个人理性的逻辑，单纯使用个人理性必定选择排他利益最大化的行为，这种过于单薄的理性概念甚至误导了对利益概念的理解。并非一切利益都能够还原为个人利益，有许多利益是人人可及的（accessible），却不是仅属个人的（exclusive），因此，个人利益的集合小于可及利益的集合，个人利益的正确排序未必能够反映可及利益的正确排序。由于个人理性专注于个人利益的选项集合，因此可能对许多可及利益视而不见而错过了真正的利益，诸如囚徒困境、公地悲剧或者搭便车问题都表现了此类短视选择。要解决合作难题就必须颠覆个人理性的独断地位而引入“关系理性”（relational rationality）。

关系理性与个人理性并不对立，而是与个人理性互相配合使用而构成完整理性概念的硬币两面：个人理性是竞争理性，而关系理性是共在理性，两者的配合构成了理性自身的平衡。假如“共在先于存在”的存在论命题是正确的，那么关系理性的使用也优先于个人理性。我相信孔子会同意关系理性的优先性，因为孔子的核心概念“仁”就是关系理性的第一个模型（仁爱只是仁的伦理学含义，仁的存在论含义是：任意二人之间最优的共在关系）。

关系理性意味着共在意识的优先性：（1）考虑到行为模仿的报复问题，因此优先采取“报复规避”（retaliation aversion），这是一种把行为的未来互动性考虑在内的更强的风险规避（risk aversion）；（2）因此，优先考虑“互相伤害最小化”而不是“自身利益最大化”；（3）并且，在保证了互相伤害最小化的基础上，进一步追求合作最大化并且冲突最小化的最优共在状态，从而增进每个人的利益。我愿意承认霍布斯假设：存在就是存在于恐惧之中，同时也承认荀子假设：存在就是存在于共在之中。基于这两个假设，可以看清个人理性和关系理性的不同用途：个人理性主要用于防卫行为，即在外部挑战的条件下捍卫自己的最大利益——这与现代所理解的个人理性概念有些不同，现代的个人理性的目标是个人利益最大化，这个“积极的”目标与理性的风险规避原则之间存在着紧张和不协调。如果把个人理性约束为“消极地”捍卫自身利益，就能够与风险规避原则保持一致性了；关系理性用于建构稳定可信的共在性，其理想目标是达到“孔子改善”[1]（Confucian Improvement），即一种利益改善必然使所有当事人的利益同时获得改善：如果当事人X获得利益改进x+，当且仅当，当事人Y必定同时获得利益改进y+，反之亦然。于是，促成x+ 就成为Y的有利策略，因为Y为了达到y+ 就必须承认并促成x+，反之亦然。“孔子改善”要求任何一个利益改善事件具有互相蕴涵的利益关系而使每个相关人同时获得

---

1 孔子的原始表述是：“己欲立而立人，己欲达而达人。”见《论语 · 雍也》。

“帕累托改进”，因此消除了一般帕累托改进所允许的单边受益情况（事实上经常出现）。一般帕累托改进并不要求每个人的利益都得到改善，而仅仅要求无人利益减损，因此，帕累托改进不足以保证可信的共在关系，也不可能达到普遍满意，而孔子改善要求的是普遍满意的普遍利益改进，因此能够形成稳定可信的持续均衡，进而成为稳定可信的制度基础。

根据普遍模仿测试可知，能够满足无报复性的关系理性不仅是有效行为的理由，同时也是任何普遍有效的游戏规则的理由，因此，无报复性就是一切宪法的宪法性（constitutionality），它可以解释一种宪法、法律或制度是否具备普遍有效性。就是说，凡是与无报复性逻辑一致的游戏规则必定是普遍有效的，因此具有宪法性。无报复性的规则意味着，任何人（包括在场的所有人和未来的人们）都无法对它提出理性的反对理由（不考虑情感理由或非理性理由）。如果一种制度只考虑当下人的利益而不考虑未来人的利益，就仍然缺乏宪法性。虽然我们不可能预知未来人的具体意愿，但至少可以在逻辑上排除可能伤害任何人的制度安排，这样就等于排除了对未来人的利益伤害。如果把制度理性建立在个人理性之上，就必须依靠个人偏好的加总，也就会遇到个人理性难以汇合为集体理性的困难；如果把制度理性建立在关系理性上，就有望免于遭遇偏好加总的困难而达到与普遍理性的一致，即达到在理性上不存在反对理由。在此，关系理性可以理解为理性的自身约束方式。在政治出现之前，比如说在霍布斯的自然状态中，人就已经使用个人理性，正是因为共同生活，理性才需要发展出关系理性。在这个意义上说，能够有效形成共同生活的政治是集体理性的生长方式，也是把个人理性转变为集体理性的一种理性艺术。

不过，政治仍然必须面对欲望、精神和情感的问题。解释了理性之“思”（mind）不等于就能够解释人情之“心”（heart）的问题。理性原则虽然可以在概念上解释政治合法性，但仍然还需要实际被承认才能发挥作用，就是说，“思”还需要“心”的认可才能生效。政治公正意味着政治合法性，因为我们想不出比公正更公正的事情。然而，公正的概念属于哲学，对公正的实际理解才是政治，人们**实际上认为**公正是什么样的，才是真实问题。这意味着，公正概念一旦落地，就不得不求助于人们主观偏好的证明，客观性被悬搁了，主观性变成了真凭实据。既然公正必须求证于主观意见，我们就需要分析公正的几种主观可能的证据：

P1：一个制度是合法的，当且仅当（iff），它是所有人一致同意的制度。

这个标准最为完美，但过于苛刻，事实上做不到，甚至在理论上也几乎不可能存在一个完美到“人人同意”的制度。于是，退而求其次：

P2：一个制度是合法的，当且仅当（iff），它是多数人同意的制度。

这相当于现代民主的想象。由于多数同意明显弱于一致同意，因此，以多数同意去定义公正，就需要一个约束条件：当人们有着共同利益x，但对于如何实现x存在着多种可选择的技术方案a、b、c时，民主“加总”得出公正结果的可能性就比较大，就是说，当民主用于“选方案”而不是“选利益”时，就比较容易接近公正。如果在利益冲突的条件下，以民主去形成公共选择，就实际上成为利益的一种竞争方式。当民主不是技术方案的择优方式而是利益竞标方式，其公正性就比较可疑了。民主确实是形成公共选择的一种有效程序，但不是价值法庭，民主并不能保证做出对公共利益或对每个人的利益更有利的选择。因此，我们似乎应该追寻民主背后更具实质性的问题：民主是否能够实现民心？于是：

P3：一个制度是合法的，当且仅当（iff），它是符合民心的制度。

民主是民心的一种表达方式，但民主是否能够准确表达民心？这是个问题。许多因素会误导民主使之成为民心的歪曲表现，比如金钱操纵、宣传诱导、投机、激情、无知或错误信息，都能误导民意。即使在排除了操纵和信息误导的条件下，民主也未必能够准确表达民心，比如说阿罗不可能定理所揭示的选举局限性就说明民主有可能会选择人民并不真正想要的结果（不过后来一些学者指出阿罗不可能定理对真实的选举影响不大）。民心概念很有些含糊，中国古代哲学家使用民心概念时并没有给出定义，就好像他们有着默认的一致理解，而今我们只能根据其用法去推测。民心不是指众人的民意，而更接近事关每个人或所有人利益的需求，不是加总而成的“众意”，而是部分接近卢梭的“公意”。也许可以说，民心是经过长期理性实践而被证明为有利于所有人的共享观念，这意味着，民心的存在形式是思想性的而不是心理性的，民心表达的不是集体欲望，而是承载着可分享的经验、传统和历史的生活共识，也就是经过长期博弈考验的“公论”或者不受特殊情景影响的普遍共识，比如各种文明不约而同而普遍承认的那些法律和伦理原则就属于民心。看起来，我们还是很难给民心一个足够清楚的定义。也许可以把民心转换为相似的现代概念来理解，与民心比较接近的现代概念可能是“普遍价值”。

可是普遍价值（universal values）至今也尚未有良好定义，因为缺乏判断什么是普遍价值的普遍标准——这算是对普遍价值的一个反讽。在逻辑上说，普遍价值至少意味着:（1）有一些价值是普遍的;（2）并且这些价值是普遍好的。关于（1），如果一种价值对某事有效，就必须对相同的每个事情都有效，或者说，对一个事情有效就对任何与之相似的事情自动生效。可以称为“无歧视”的普遍传递性。这是清楚的。但是关于（2），“普遍好”的含义却不是清楚的，因为普遍性并不分析地蕴涵（analytically implies）普遍好。普遍好的事物必定同时是绝对必要的事物，因此，如果引入“必要价值”（necessary values）来定义普遍价值，必要价值必定是普遍好的价值，否则就不必要了。可见，价值的必要性是理解价值的普遍性的关键。只有当一种价值同时是必要和普遍的，才是普遍好的价值，也就是普遍必要价值。

价值的普遍必要性至少有两种求解方式，一种是以**个人**为分析单位，求适用于每个人（applied to everyone）的价值；另一种以**关系**为分析单位，求适用于任何相互关系（applied to every correlation）的价值。这两种求解方式的效果颇为不同。

如果采用个人为单位的求解方式，要证明一种价值是普遍必要的，就必须考虑每个人的偏好，于是存在这样的可能情况：（1）人人所求（all wants）。人人都想要x，这只能说明x是普遍的欲望对象，并不能说明x是普遍正当的。（2）普遍推广（universalization）。经典的康德原则是："如果我承认原则x，那么我同意x对每个人有效。"康德原则能够堵住"人人所求"的漏洞，但无法对付多元方案的冲突问题。比如说，某人同意每个人都做基督徒；或者，某人同意每个人都吸毒，显然不可能普遍接受。可见，在存在多元方案的情况下，普遍推广是无效的。（3）一致同意

（common consent）。这是一个强有力的理由，可惜仍然并非充分有效。众心一致只能证明x被普遍承认，却不能证明x是普遍有益的。所有人一起犯错误或集体堕落并非不可能，比如现代人集体默认以预支未来的方式使用自然资源，以超出实际需要的方式享受生活，诸如此类。可以看出，以个人作为分析单位难以求解普遍必要价值。

如果采取以关系为单位的求解方式，考虑的是任何人之间的可接受关系。于是，普遍必然价值意味着：（1）普遍受惠。如果一种关系形成普遍受惠，每个人都会同意。普遍受惠排除了一致同意所蕴涵的最坏情况（集体不受益）。普遍受惠总是蕴涵一致同意，而一致同意未必蕴涵普遍受惠。以关系作为分析单位的优势是以客观效果的排序取代了偏好加总，这样更符合理性标准。（2）普遍兼容（universal compatibility）。如果一种关系能够保证互相兼容的合作，那么每个人都会同意。普遍兼容关系并不干涉任何生活方式，而且，兼容关系没有优待任何特殊群体，而是对称地惠及各方，就是说，优先的是关系而不是某一方的特殊利益。因此，普遍兼容的关系能够有效解决多元方案的冲突问题。

6 政治重新出发的起点

以上的分析试图说明，政治的概念需要通过天下概念、共在原则和关系理性而重新定义。天下的无外尺度（all-inclusiveness）敞开了充分延伸的政治完全语境，因此能够清楚确定所有政治概念和问题的所在位置、条件和性质；共在原则意味着政治是共同生活的艺术，而不是统治和支配的技术，它是天下政治的基本信念；关系理性是天下政治的基本运行原则，它可以用于定义世界制度、游戏规则和表达了普遍民心的普遍必要价值。

因此，天下理论不仅仅是一个世界政治理论，同时也意味着政治的一个新概念，一个让政治重新出发的起点，一个告别战争的出发点。要可信地解决利益和价值的冲突问题，政治就需要成为一种善的艺术而超越恶的技术，更准确地说，政治需要成为化敌为友的艺术，而不是斗争的技术。真正深刻的政治问题不是善恶的冲突，而是善与善的冲突。善恶冲突是一个无异议的问题，善必定战胜恶也是一个无异议的人类信念，而一种善与另一种善因其差异而冲突，一种善试图毁灭另一种善，这才是真正的政治悲剧，它导致世界难以解决的分裂和政治的失败。天下概念所设定的政治重新出发点就是通过世界内部化而把世界建构为政治主体，确立属于所有人之世界主权，使各自为敌的世界变成共享的天下。“天下为公”这句名言应该解读为：天下是天下人共享的天下。[1]

1　参见《吕氏春秋·贵公》：“天下非一人之天下，天下之天下也”；另见《六韬·武韬·发启》：“天下者非一人之天下，乃天下之天下也。”

第一章

天下概念的故事

1 从世界开始的政治

政治至少有两个具有决定性意义的起点：希腊的城邦建构了国家政治的概念；中国的天下建构了世界政治的概念。真正的政治出现之前，人类已有很长的统治史，有过许多王朝，然而统治并不是政治。统治的逻辑是自然的强者秩序，即对内服从首领、对外服从强者的自然秩序，尚未形成超越自然秩序的政治秩序，即基于理性原则的权力运用及利益分配制度。孔子将政治定义为："政者正也"[1]，或者"为政以德"[2]。这意味着，超越了武力统治而建立对所有人有益的理性秩序才是政治。其实还应该提到另一个政治

---

1 《论语 · 颜渊》。

2 《论语 · 为政》。

起点：以神学秩序作为政治秩序的以色列犹太王国。不过，古代以色列神学秩序超出了我的知识范围，也超出这里所要讨论的问题，故在此不论。

城邦是个奇迹，天下也是个奇迹。把希腊城邦看作是欧洲政治的起点并不否认城邦有着更早的渊源。荷马史诗里记述了政治公共空间（agora，即广场）的情景，克里特的文明遗迹也证明agora早就存在，但希腊城邦似乎是成熟的公共领域之始，即私人生活与公共领域有了各自明确的性质和功能。同样，周朝的天下体系也有传说中的更早的原型，可能只是更早圣王们的一种精神视野或想象而尚未制度化。可以肯定，作为成熟制度的天下体系是周朝在约 3000 年前的政治发明。政治的不同出发点演化出不同的政治问题和道路，分别以城邦和天下为起点的政治故事在“分叉时间”（the forking paths of time，借用Borges的说法）里各自演化着，直到现代才相遇并且发生冲突，故事情节纠缠在一起，而全球化正在把两个具有互补性的故事合成一个可能的未来。

周朝的天下体系开创了以世界问题为起点的政治思路。这种政治世界观，或政治想象，究竟从什么年代开始萌发却难以断定。古代文献通常把这种政治世界观一直追认到4000年前尧舜禹汤的圣王时代，据说那时就有了天子统领“天下万国”[1]的政治合作。这是未经确证的传说，很可能是周朝按照自己的政治理想对前朝政治的理解和解释。圣王时代大概仍然属于酋邦（chiefdom）状态，酋邦之间或存在松散的合作关系，圣王可能是有威望的盟主，但应该尚未形成法定制度。王国维的研究说明，夏商时代的情况是：“盖诸侯之于天子，犹后世诸侯之于盟主，未有君臣之分也。”[2]一个证据是，《尚书》所载，周朝早期君主仍然平等地称呼诸侯为“友邦君”[3]。不过，同样根据《尚书》，圣王们似乎已经有了协调各酋邦部族关系的能力，所谓“协和万邦”[4]，甚至还主持商议各部族的共同大事，例如治理洪水、制定时令和度量衡、规定礼乐贡赏，诸如此类[5]。那时的跨部族合作大概是可能的，但仍然是非制度化的合作。古人有

1 《尚书·益稷》：“光天之下，至于海隅苍生，万邦黎献”；《战国策·齐策》：“古大禹之时，天下万国。”

2 王国维：《观堂集林·殷周制度论》，石家庄：河北教育出版社，2001年版，296页。

3 《尚书·牧誓》，《尚书·大诰》。

4 《尚书·尧典》。

5 《尚书·尧典》《尚书·舜典》。

崇古之心，往往把成就归于前人。比较合理的推想是，圣王时期，包括夏商时代的天下共主，并非天下的法定统治者，而是有号召力的盟主，因为尚未建立法定的政治制度。不过，圣王时代很可能开始有了关于天下的想象，有了一种“世界性的”政治视野，所以才有“协和万邦”的传说。

制度化的天下体系是从周朝开始的。如果古代社会出现制度革命，必定需要大不寻常的条件与时机。这正是周朝天下体系令人困惑而特别需要解释的问题。在3000年前建立一个以世界政治为核心问题的政治制度，立意过于高远，周朝人为什么这样想？有什么必要这样想？为什么会把世界理解为一个完整的政治存在？很显然，政治从世界问题开始，这是不合常理的路径。通常的历史路径是由部族社会发展出国家政治，而不是世界政治。周朝的天下体系不仅在古代是不寻常的创造，即使对于今天的世界，它提出的政治问题仍然超出现实而属于未来。周朝创制天下体系必有独特的历史原因。

我们试图回到历史语境中去理解周朝创制天下体系的理由。殷商时，周乃小邦，位于中国西北部，属于半农耕半游牧地区。[1]殷商的政治中心位于中原，有着发达的农业和技术，人口可能超过百万。“小邦周”到底有多小，据史学家估计，其人口在大概5万以上，最多6万至7万而已。[2]周王有美德之名，在一些小国中颇具号召力。周武王兴兵伐商，许多友邦会师助战，据司马迁的说法，有战车300乘，虎贲3000人，甲士45000人[3]。据说商纣王发兵70万来迎战，应是夸张。对于百万之国，出动10万兵马就几乎是倾巢出动了。商纣王兵马虽多于周联军，但据说商纣王暴虐无道，加上无考之原因诱发了部分部队哗变倒戈，导致周武王一战成功，商纣王兵败自杀。周虽夺取了盟主地位，但殷商遗民人数众多，还存在一些亲近殷商的诸侯以及一些本就桀骜不驯的部族，人心未定，叛乱多发，多方皆需安抚。因此，以小邦而居中原之主位的周朝政权面临一个历史上从未出现过的政治问题：如何“以小治大”并且“以一治众”？

1　根据司马迁《史记·周本纪》记载，周部族开始务农，后来改游牧，再后来又恢复农耕。

2　许倬云：《西周史》，北京：生活·读书·新知三联书店，2001年版，77~78页。

3　司马迁：《史记·周本纪》。

以一治众的传统模式总是由最大最强的霸主来实现的，就是说，以一治众的前提条件是以大治小，这是自然统治方式。在古代社会，人口不仅是最重要的经济资源，而且也是最重要的政治和军事资源，是一切力量的基础。周乃小邦，本部人口有限，不可能以大治小，反而要在以小治大的条件下去以一治众，这是一个全新的问题。周能够联合诸侯而克商是因为它有道义号召力，以道义形象能够实现一时之战争动员，却难以仅以道义形象去维持各部族的长久支持和忠诚，因为道义终究无法代替权力和利益的需要，而“以小治大”的局面已经在逻辑可能性上否定了霸权模式。周政权只剩下一个选择，那就是发明一种政治制度，一种主要依靠制度吸引力而不是武力威慑的统治方式，以制度优势代替武力权威。

周政权从一开始就被迫面临一个复杂的制度设计问题。既然周政权没有能力建立霸主的统治方式，仅凭本族力量并不足以长期维持其天下共主的地位，而又试图维持其在众多邦国之上的最高权威地位，它就必须设计一种能够得到各国长期承认的合作制度才能保证自身的权力，甚至才能保证自身的存在。其中的关键是必须解决众多邦国的

“外部性”问题，或者说，必须把外在的众多邦国转化为内部存在，这意味着周政权必须创制一种高于国家的世界体系来实现世界的内部化，从而以整个体系的共同利益或共享利益去担保自身的利益。一个世界体系是否成功，首先在于这个世界体系所能够提供的共享利益或合作利益对于众多邦国的诱惑力必须大过背叛或拒绝体系的诱惑力，或者说，众多部族加入世界体系所能够获得的利益必须大于拒绝加入体系的利益，否则没有人会承认和支持这个体系。这是一个需要想象力的高难度制度设计。可以说，周政权所遭遇的特殊历史形势无形中提出了一个意义深远的政治问题：世界秩序成为国家存亡的条件，或者说，世界之治成为了一国之治的前提，于是，世界政治必须优先于国家政治，这就是“世界内部化”问题，即创制天下的问题。

当时部族众多，号称千邦。虽然千邦所控制的总地面有限，不足现代中国的二分之一的面积，但已是当时古人所知的可及世界。这个地域虽然远小于世界，却被当成世界去看待，称为“天下”。面积并不重要，重要的是世界意识，一种把整个世界考虑在内的政治意识。天下是一个含义复杂的概念，在逻辑上说，天下指的是整个世界，这个世界既是自然世界也是政治世界，准确地说，是自然世界和政治世界的重合。实际上政治世界与自然世界至今尚未形成重合，因此，天下必须被理解为一个动态概念，在政治世界与自然世界达到重合之前，天下就只是世界的理想概念。虽然周朝人在3000年前建构的政治世界只是天下的一小部分，却是一个足够进行世界政治实验的空间。

周朝发明的天下体系是一个世界政治体系，它定义了作为整体存在的政治世界，即所谓“创制天下”[1]。周朝天下体系的设计一般归功于周公，可能是以周公为首的政治家集团的集体创作。周朝的天下体系是中国政治历史上的第一次革命，也是严格意义上的政治开端。王国维指出：“中国政治与文化之变革，莫剧于殷周之际”，乃是“旧制度废而新制度兴、旧文化废而新文化兴。”[2]周制度所蕴涵的许多意义深远的政治问题在今天更加显示出重要性。正如希腊提出了正义、公共领域和民主等经久不衰的问题，周朝同样提出了天下、德治、协和、民心等无法回避的问题。最

1 《管子 · 霸言》。

2 王国维：《观堂集林 · 殷周制度论》，石家庄：河北教育出版社，2001年版，287~288页。

为重要的是，天下体系第一次把自然性的大地变成政治性的天下，从而奠定了世界政治的基本意义。

周公创制天下体系的直接目的是为了解决“以小治大”“以一治众”这个特殊问题，但对这个特殊问题的解决却产生了一个具有普遍意义的政治模式。天下体系的普遍性在于它表明了一种世界共享制度所必须具有的基本性质:（1）天下体系必须保证各国加入天下体系的好处大于独立在外的好处，从而使各国都愿意承认并且加入天下体系。（2）天下体系必须能够形成各国在利益上的互相依存和互惠关系，从而保证世界的普遍安全和永久和平秩序。（3）天下体系必须能够发展普遍有利于各国的公共利益、共享利益和公共事业，从而保证天下体系的普遍共享性质。概括地说就是，天下体系必须实现世界的内部化，使世界只具有内部性而不再存在外部性。

周公的创制主要包括分封制度、礼乐制度和德治原则。

分封制是世界一体分治的监护制度。天下被设计为一个网络体系，包含着从属于网络主体的众多政治实体，也就是属于世界政治主体的众多诸侯国。其中，世界政治主体的主权拥有者，即天下之宗主国，负责监护天下体系的共同安全和整体秩序，保护体系的共同利益和共享利益；每个诸侯国既独立自治又属于整体网络秩序，与宗主国之间有着互相依存的关系，诸侯国在接受宗主国的监护的同时对宗主国也有监督作用。分封制的设计相当复杂，细节将在后面再加叙述。

礼乐制度建构的是一种具有精神性的存在秩序。礼乐赋予生活形式以精神意义，也就是通过赋予一切行为举止、事务程序以及物质生活一定的礼仪形式而使之具有严肃性和精神性，使人敬畏天地，敬重他人，善待自然事物，善待生活用品。总之，礼乐塑造了一切存在的尊严和严肃性，因此具有“神圣性”。以礼乐使生活中的万事和万物神圣化，这似乎可以理解为一种宗教精神，但不是超越性的宗教，因为被神圣化的事物并非超越了俗世生活的神，而正是俗世生活本身。通过礼乐的严肃性而使日常生活具有神性，从而把宗教情感化入生活情感，这曾经是中国文化的一个显著传统，但经过历史上多次“礼崩乐坏”已经荡然无存了，只留下传说中的礼仪之邦之美名，这是后话。不过，通过礼乐使生活神圣化，这似乎并不是周公创制礼乐的直接目的而是礼乐的效果，因为周公要处理的不是宗教问题，而是政治问题。礼乐是配合分封制度的生活秩序，其目的是创造天下在精神上的和谐：礼仪使万事万物具有精神性，因此产生可以普遍分享的精神经验，而事物作为精神品质的共享性也就超越了事物作为物质利益的排他性，也就是使“和”超越了“争”，所谓“礼之用，和为贵”[1]。

德治很容易被误读为伦理学原则，但它实质上是政治经济学原则。在“德”演变为伦理概念之前，原本是处理利益分配问题的公正概念，所谓“德惟善政，政在养民”[2]。德治的意思是，利益必须普遍分享并且公正分配，有德的政治必须达到使所有人的利益最大化而不仅仅是促进最大化。周公相信只有德治才能证明政治正当性，力不能远，惟德能远，只有德才能普遍通行于世界，达于万民，传之万世。周公的觉悟意味着对真正的政治概念的一个发现：武力统治不是政治，只是统治而已，真正的政治是创造普遍合作和共同生活的艺术。在这个意义上，周朝的天下体系不仅是一种政治实验，同时也表达了一个政治概念。

---

1 《论语 · 学而》。

2 《尚书 · 大禹谟》。

2 三层世界的天下

“天下”是三位一体结构的世界概念，即一个由三层含义不同的世界叠合而成的世界概念，其基本意义是：

（1）在地理学意义上，天下指天底下所有的土地，即整个世界。

最早说法来自《诗经》：“溥天之下，莫非王土。”[1]虽然天下概念之所指的是整个世界，但古人并不知道世界到底有多大。早期中国所控制的“九州”地面无非“左东海，右流沙，前交趾，后幽都”[2]，不超过现代中国的二分之一。由于海洋、高山和沙漠的限制，古人对遥远世界只是略有所知。在汉通西域之前，与远方世界的往来只有物质交换，并无政治交通。在实际控制之外的地方被称为“四海”（意思是如海一样晦暗不明的地方，并不是真的海洋），也属于天下，是尚未加入天下体系的地区。古人心目中的天下有多大？齐桓公请教过管仲，管仲的回答是“地之东西

1 《诗经 · 小雅 · 北山》。

2 《淮南子 · 泰族训》。

二万八千里，南北二万六千里”[1]。中国最古老的地理学著作《山海经》也有同样的说法。[2]先秦的“里”约等于414米[3]，由此度之，管仲想象的天下，东西跨度接近11600公里，南北跨度接近10800公里，虽不及地球，也几乎相当于亚洲了。对于2000多年前的古人，这个想象已颇为可观。还有超大眼界的想象，邹衍认为天下由多达81个“九州”组成，而中国只是其中之一[4]，这个想象又显然过大了，属于幻想。

（2）在社会心理学意义上，天下指世界所有人的共同选择，即“民心”。

在天下的概念里，人比地更重要。“得天下”的意思并不只是统治了天下之土地，而是获得世界万民的支持。古人相信，如果不得人心，占有了土地也无法利用，而且迟早会失去。所以管仲曰：“夫争天下者，必先争人。”[5]“人不

1 《管子·地数》。

2 《山海经·中山经》。

3 翟光珠：《中国古代标准化》，太原：山西人民出版社，1996年版，80页。

4 《史记·卷七十四》，北京：中华书局，1982年版，2344页。

5 《管子·霸言》。

可不务也，此天下之极也。”[1]荀子也曰：“取天下者，非负其土地而从之之谓也，道足以壹人而已矣。”[2]民心决定了土地的真正归属，因此，天下不仅是地理性的，更是心理性和社会性的存在。

（3）在政治学意义上，天下指世界政治制度。

世界制度定义了世界的政治整体性和主权，或者说，世界制度使世界成为一个完整的政治存在。对此有个形而上的理由，也可以说是神学理由：既然上天具有完整和谐的秩序，那么，天下也必须具有完整和谐的秩序，称为“配天”[3]；对此还有个现实政治理由：如果没有世界制度，天下就终究是分裂的乱世之地，永久和平便永无指望。墨子曰：“一同天下之义，是以天下治也”[4]，便是此意。在这个意义上，实现为世界制度的天下才是天下的最后完成形式，它标志着天下最终实现了自然世界、社会心理世界和政治世界的完全重合。世界的制度化就是管子所说的“创制天下”[5]。

1 《管子 · 五辅》。

2 《荀子 · 王霸》。

3 《礼记 · 中庸》。

4 《墨子 · 尚同上》。

5 《管子 · 霸言》。

可以看出，“天下”比通常意义上的“世界”有着更丰富的深度含义，它是自然世界、社会心理世界和政治世界三者合一的世界。如果说，任何一个问题都必须在其所在情景（context）中才能得到充分有效的理解和解释，而最大限度的情景就是任何一个问题的解释的极限。那么，对于政治问题而言，最大限度的情景就是“天下”，因此，天下概念是解释所有政治问题的极限条件。

3 配 天

天下秩序的依据是天的秩序，天下的整体性和协调性在于与上天的整体性和协调性保持一致，这个“配天”信念是一种政治神学的想象，而这个政治神学的想象却来自一种自然形而上学，即道的形而上学。

古代中国把自然分成天地，而人存在于天地之间作为通天接地的中间存在。天—人—地三者的一致性或者说共通性是道。道意味着最优的可能存在方式（the best of the possible ways to be），或者说，是一种存在得以善在的存在方式。把存在划分为天—人—地三个范畴显然不是科学观点，也不是知识论观点，而是一种美学化的形而上学观点。在人的美学视界中，自然呈现为天地两种图景：大地是承载者，承载一切现实生活，是人的家园和生活资源，也是天下的所在地；上天是覆盖者，覆盖一切可能性，是万物的原则和界限。大地作为承载者，其隐喻的含义是母性的养育和无私的给予；上天作为覆盖者，其隐喻的含义是父性的指引和监督。古代中国没有生长出超越性的一神教，从未假定唯一神向先知传达指令，就是说，上天虽然指示存在之道，但是上天不言，那么，上天之道如何传达给人？又传达了什么样的消息？

上天不言而通过自然变化去显示天道，正如孔子所说的："天何言哉？四时行焉，百物生焉，天何言哉？"[1] 孟子也有同样的解释："天不言，以行与事示之而已矣。"[2] 自然之万变使事物即是即非，既然事物是测不准的，思想便无法聚焦在事物上，或者说，即使聚焦于特定事物也不可能理解，而只能游离于事物之间去追随变化之"势"。势是一个事态变成另一事态的可能性，也就是一个事物超越其"所

1 《论语·阳货》。

2 《孟子·万章上》。

是”（being as it is）而变成“所不是”（being as it is not）的状态。势具有未成性、不确定性和开放性，对此最为形象的表达是博尔赫斯的“时间分叉”（the forking paths of time）。既然天道显示为万物变化之势，而不是事物之不变本质，与此相应，道的形而上学也就不寻求定义事物本质的概念，而去寻求容纳万物变化之“象”（comprehensive images）。象没有断言任何事情，只是提示可能性，也就是对变化之道的会意。

道的形而上学是关于“变在”的形而上学（metaphysics of becoming），与关于“存在”的形而上学（metaphysics of being）有着不同意图和问题。道的形而上学对存在既不惊讶也不困惑，因为存在是不可选择的既定事实，也就不构成问题，甚至我们对存在提不出问题。在此，存在没有被遗忘，只是从未被打扰。人不应该也没有能力去打扰必然的绝对存在，只有能够选择的可能性才是人的命运。因此，道的形而上学只关心“变化”而无异于“本质”，只困惑于“如何变”（how becoming）而无惑于“有什么”（what is there）。或者说，有什么就是什么，这只是一种给定的存在状态，而重要的是存在的无穷可能状态，恰如老子所言

"道可道非常道，名可名非常名"（可因循之道便不是根本之道，可定义之概念便不是根本概念）[1]。

自然是一切可能选择的存在论限度，因此天道高于人道，因此人也不可能为自然立法。自然不会调节自身去迎合人的主观性，只有人能够调节自己去适合自然，因此，万物是人的尺度，而不是相反。任何一种背离天道的人道都等于放弃了自身的存在依据，也就可能走上灾难性的妖孽之道。道的形而上学试图通过理解自然之存在论意图而理解善在之道。就存在本身而言，存在的自然意图就是继续存在乃至永远存在，或者说，存在就是对存在自身的不断肯定，而存在的自身肯定就是在变化中存在。凡是不变的都是死的，存在本身（being）没有变化，本质（essence）也没有变化，因此存在本身和本质都是死的，实际上不存在。只有变在（becoming）才能够存在（to be being）。《周易》所谓"天地之大德曰生"[2]，"继之者善也，成之者性

1 老子：《道德经 · 第一章》。有些译本把这句话解为"可说的道不是普遍之道，可命名的概念不是普遍概念"，这种解读虽然不算完全错误，但偏离了老子的原意。《道德经》通篇都在说什么是道，而且清楚说明了只有变化才是不变之道。

2 《周易 · 系辞下传 · 第一章》。

也”[1]，便是此意。何以得知这就是存在本身的意图？为什么存在的意图不是求死？或可这样理解：不存在是对存在的否定，而存在不可能追求对自身的否定，因此，存在就是为了永在。既然存在的意图是永在，存在的意义就在于它的未来性（futureness），善在就在于“日新”。《周易》相信，如果人道以天道为准，则能尽得其意：“与天地相似，故不违。”[2] 老子也有同样的理解：“人法地，地法天，天法道，道法自然。”[3]

自然是神性的，却不是神。既然天不言，天向人类传达消息就不需要先知，而以自然之万端变化去示意。自然的示意需要人的会意，能够解读自然变化之道的人就是“圣人”。具有确定意义的概念无法表达变化，于是，据说圣人便创造了意义开放的“象”来隐喻变化之道。根据《周易》，有 64 种象，意味着 64 种变化之势，可用于推算行为与命运之间的可能关联。这个具体的数目无需认真，只是神秘主义的想象。《周易》是由远古占卜秘笈《易经》

1 《周易 · 系辞上传 · 第五章》。

2 《周易 · 系辞上传 · 第四章》。

3 老子：《道德经 · 第二十五章》。

演变而来的形而上学文本，因此遗传了占卜所用的费解密码而引发了无数猜想。在这里，我们对其中的神秘主义“推算”不感兴趣，只关心它所暗示的天道。天道是天下之道的形而上依据，那么，天道显示了什么？这也正是孔子试图解读的隐义。

孔子注解《易经》说，《易经》可用来“以通天下之志，以定天下之业，以断天下之疑。”[1]《周易》的形而上学提供了一个对于政治极有意义的存在论原则：“生生”（let all beings be in becoming）。《周易》曰：“生生之谓易。”[2]“易”是一个具有自我解释结构的概念，直接意思是“不断更新变化”，同时又暗含一个元解释：“（不断更新变化）是永恒不变之道”。因此，这句名言的完整意思是“更新变化是为了使所有生命充满生机，这就是永远不变之道”。这个存在论原则所暗含的“天下之业”就是一切生命都得以兼容共在的世界，即一个具有兼容性（compatibility）和共在性（co-existentiality）的世界，在其中，一切存在都得以存在并充满生机。在这里，存在论原则实现了向政治原则的

1 《周易 · 系辞上传 · 第十一章》。
2 《周易 · 系辞上传 · 第五章》。

转换：既然天下是上天的对应存在，天道与人道就有着对称性，存在论原则与政治原则就有着对称性。既然上天覆盖世界，天下就必须达到世界尺度；既然天道的意图是一切存在之兼容共存，天下的意图也必是所有人的兼容共在。因此，天下的存在秩序必以共在性为其建构原则，创制天下就是把冲突和分裂的世界建构为兼容的天下，实现世界的内部化。只要世界尚未成为天下，每个人或每个国家就难以享有永久和平，正所谓“天下大乱，无有安国，一国尽乱，无有安家，一家皆乱，无有安身”[1]。这意味着，世界政治是政治的完成形式。

4 制度布局

天下体系就是意在化天道为人道之大业。周公设计的分封制度，即天下一体分治体系，是政治史上一项开创性的制度实验。尽管尚未充分表达天下理念，却是天下体系的唯一实验，其制度设计之得失，对于未来可能的新天下体系是不可替代的思想资源。周朝的天下分封制度建构了

1 《吕氏春秋 · 卷十三 · 谕大》。

一个网住世界大地之“地网”，一个有等级结构的网络体系。即使以今日眼光视之，天下体系的网络性仍然具有当代性甚至未来性，但其等级结构却不符合今日世界之价值观，很容易被视为一个支配结构。然而，取消等级的社会至今仍然是个缺乏实践条件的理想。不仅古代社会都是等级制的，今天的世界在实质上也是等级制的。这说明，尽管等级制有悖平等之价值，却仍然是社会运作之所需。价值观有价值观的道理，现实有现实的道理。

具体地说，作为“地网”的周朝天下体系有一个作为世界监护中心的宗主国，即天子直辖特区；第二级的政治单位是诸侯国，包括封国和服国，其中封国是周朝新建的国家，服国是原本存在而加入了天下体系的国家；第三级政治单位是，每个诸侯国之下又有贵族士大夫的采邑，合称“天下一国一家”，以此三层政治单位组成了分治网络。如果按照政治学标准，在周朝开创天下体系之前尚无制度化的法定国家，只有实际控制各地的政治势力，虽称为邦国，实乃首领家族统治之酋邦或部族；如果按照史学或人类学标准，拥有大规模的核心王城以及稳定的统治地盘就是国家了，那么在周朝之前千年里就已有了众多国家。标准不同而已，无需细究。周朝在创制法定的天下制度的同时建立了法定的国家制度，以分封和收纳的方式把各地政治势力网络为一个体系，以法律确定了等级制和分治制度。封国属于周贵族和异姓功臣，据说有71个封国，其中同宗族者53个[1]；服国之数量远多于封国，据说达652国，也有800国之说[2]。诸侯国的数量如此之多，一方面是尊重传统政治势力，另一方面也是考虑整个体系的安全系数。其中的政治道理在数百年后由贾谊点破："欲天下之治安，莫若众建诸侯而少其力，力少则易使以义，国小则亡邪心。"[3]

周朝天下体系具有某些近乎互联网的网络性质：（1）每个局域结构都是总体结构的复制，每个局域都是一个规模较小的完整系统，类似子集与全集的关系，因此，政治秩序是普遍传递的（transitive），而各国却又独立自治。宗主国负责维护天下制度、普遍秩序和体系的共同利益，高度

1 《左传·昭公二十八年》："昔武王克商，光有天下，其兄弟之国者十有五人，姬姓之国者四十人"；《荀子·儒效》：周公"兼制天下，立七十一国，姬姓独居五十三人。"

2 《逸周书·世俘》，《吕氏春秋·观世》。

3 《汉书·贾谊传》。

自治的各国解决各自的内部问题，如果遇到自身无力解决的困难，则由宗主国直接提供帮助或组织其他国家给予帮助。（2）整个网络系统具有无限开放性。在理论上说，天下体系与世界等大，尽管实际与理想相差甚远，但其无限开放性意味着无限兼容性。（3）天下体系具有自愿合作性质，其正当性在于天下万民的承认和支持，各国可以自愿加入或退出。（4）每个国家都有潜在资格发展成为天下新核心而取代旧核心，即承认革命的可能性，但革命需要天命的证明（政治合法性）。假如宗主国无道不公，失去天下民心，则可取而代之。

宗主国和诸侯国的权利和义务的制度安排大致是：（1）天子拥有天下土地的所有权，并自留一片核心地域作为直辖区，即宗主国；名山大川等不可分配的公共资源也归属天子直接管理，其他土地分封给诸侯。（2）诸侯拥有所分封的土地和人民的使用权，但没有所有权，因此土地和人民都不得转让。（3）宗主国负责维持整个体系的公共秩序，诸侯国拥有国内高度自治权，同时有义务分担宗主国维持体系公共秩序的成本，必须向宗主国纳贡服役，但不等于税收（远低于税收）。纳贡主要是提供各地特殊物资（矿物或特产），服役主要是工役（用于治水、道路等公共工程）和兵役（讨伐作乱）。诸侯还需按时来朝述职，而天子也经常巡狩，考察政绩是否属实，以便奖惩。（4）宗主国拥有相对最大军力，诸侯国则按照等级、人口和土地而拥有成比例的军力。宗主国军力并无压倒优势，制度规定，宗主国有六军，六万至七万五千兵，诸侯大国三军，中等诸侯二军，小国一军[1]。如此比例配置形成了实力制衡，假如宗主国无道，几个诸侯的革命联盟就足以颠覆宗主国。

在天下体系的地理布局上，周朝设计了一种半为政治半为神学的模式，以家族结构作为模本去展开其天下网络结构，把家族的亲疏远近关系演变为政治关系。天子居于天下之中而建王畿（宗主国），即天子直辖的“千里之地”，天子所居之都城就是“中国”，意思是位于天下正中的都城。王畿之内称为“内服”而有别于由众多诸侯国组成的“外服”，众诸侯国围绕王畿按500里一圈的比例向外逐圈排开。这只是理想化的想象，地理条件以及传统势力范围决定了事实不可能如此整齐，只是略具模样而已。内外服

1 《周礼 · 夏官司马》，《左传 · 襄公十四年》。

总共“五服”[1]，也有的说是“九服”[2]。亲疏远近的政治关系同时也是等级关系，封国的爵位通常高于服国，也与宗主国在军事、经济和文化上有着更为密切的合作关系。[3] 属于最外围的遥远邦国则只有象征性的册封和朝贡关系。

周公对天下体系的设计是理想主义和理性主义的混合。天下体系试图把所有国家纳入一个共在体系，以相互利益之最优可能性去设定不同程度的合作，同时以和平关系作为最低标准，这就是所谓“协和万邦”的原则，其基本精神是创造一个合作最大化和冲突最小化的世界。周朝得益于天下体系的设计而持续了 800 年，成为中国历史上时间最长的王朝，但周朝后半期的 500 年其实是一个不断衰落以致最后崩溃的过程，这与周朝制度始料未及的设计漏洞有关，暂且不论。

---

1 《国语 · 周语上》曰：“夫先王之制，邦内甸服，邦外侯服，侯卫宾服，夷蛮要服，戎狄荒服。”

2 《周礼 · 夏官 · 大司马》曰：“方千里曰国畿，其外方五百里曰侯畿，又其外方五百里曰甸畿，又其外方五百里曰男畿，又其外方五百里曰采畿，又其外方五百里曰卫畿，又其外方五百里曰蛮畿，又其外方五百里曰夷畿，又其外方五百里曰镇畿，又其外方五百里曰番畿。”

3 《尚书 · 禹贡》：“五百里甸服：百里赋纳总，二百里纳铚，三百里纳秸服，四百里粟，五百里米。五百里侯服：百里采，二百里男邦，三百里诸侯。五百里绥服：三百里揆文教，二百里奋武卫。五百里要服：三百里夷，二百里蔡。五百里荒服：三百里蛮，二百里流。”

5 无 外

天下的根本性质是“无外”（all-inclusiveness），直接的语义是，整个世界都是内部而无外部，也就是一个没有外部性而只有内部性的世界。在此，无外意味着一个实现世界内部化的政治问题：只有当世界所有地方都成为天下的内部，所有人都具有兼容性和共在性，这样的世界才成为天下。

《礼记》说：“天子不言出。”[1] 意思是天下任何地方皆为天子之家，天子无论走到哪里都没有走出天下之内。《春秋公羊传》也解释了周天子的大臣到诸侯国去谋职或避难不能说是“出奔”，因为他无论到什么地方都没有走出天下的内部。[2] 天子拥有天下所有土地的所有权，整个天下都是天子之家，所以说“王者无外”[3]。正如古诗所唱：“溥天之下，莫非王土，率土之滨，莫非王臣。”[4] 在孔子看来，王者无

1 《礼记·曲礼下》。

2 《春秋公羊传·隐公·1-1-6》。

3 《春秋公羊传·隐公·1-1-6》，司马光《资治通鉴·卷二十七·汉纪十九》亦曰：“春秋之义，王者无外，欲一于天下也。”

4 《诗经·小雅·北山》。

外的天下仍然不是最高理想的天下，理想的天下必须达到“天下为公”[1]，即天下成为所有人的公有财产。吕不韦的理解最为清楚：“天下非一人之天下也，天下（人）之天下也。”[2]王者无外的天下只是实现了世界的无外性，尚未实现世界所有权的无外性，即天下之共有和共享，在此可以看出周朝的天下体系与理想的天下体系之间的距离。不过我们不能超越历史语境去批评王者无外的天下，周朝制度已经达到了在君主制条件下共享共治天下的极限。

为了解释理想天下的无外性，吕不韦给出了一个很夸张的例子（应该是个虚构的故事）：荆国有个人丢了弓却不肯去找回来，他说：“荆人遗之，荆人得之，又何索焉？”孔子评论说：去掉“荆”字就更好了，老子进一步评论说：去掉“人”字就完美了。[3]荆人的理解达到了国人一视同仁，孔子的理解达到了世界万民一视同仁，而老子的理解甚至达到了众生一视同仁。老子的理解已经超出了政治问题而进入了形而上学，还是孔子的理解最接近天下无外的政治

1 《礼记 · 礼运》。

2 《吕氏春秋 · 卷一 · 贵公》。

3 《吕氏春秋 · 卷一 · 贵公》。

原则。不过，即使按照孔子的理解，恐怕还是过于理想化，事实上任何制度都无法克服自私。天下无外的实践目标其实很现实：建立一个有着共享利益和共同利益的天下体系，使所有国家和所有人都愿意接受这个体系及其游戏规则，或者说，使任何国家或任何人接受天下体系所能够获得的好处大于破坏这个体系所能获得的好处。在这个意义上，天下体系具有合格的“无外”性质。

天下之内是否存在着中心与边缘的意识？比如所谓“华夷之辨”。这个问题需要在历史语境中去理解。在早期中国，华夷之别原本指的是地域自然差异所导致的生产方式、生活方式和文化风格的差异，[1] 是描述性的（descriptive）中性概念，并无种族或民族歧视之意。古老的地理人类学文献《山海经》记述了边远各地的“怪异”生活方式，虽有惊异之感，却只是经验描述而已。如果说发达的中心对

1 《礼记 · 王制》：“凡居民材，必因天地寒煖燥湿。广谷大川异制，民生其间者异俗。刚柔轻重迟速异齐，五味异和，器械异制，衣服异宜。修其教，不易其俗；齐其政，不易其宜。中国戎夷，五方之民，皆有性也，不可推移。东方曰夷，被发文皮，有不火食者矣。南方曰蛮，雕题交趾，有不火食者矣。西方曰戎，被发衣皮，有不粒食者矣。北方曰狄，衣羽毛穴居，有不粒食者矣。中国、夷、蛮、戎、狄，皆有安居、和味、宜服、利用、备器，五方之民，言语不通，嗜欲不同。”

“落后的”边缘有着某种轻视（但不是歧视），则是至今广泛存在的人之常情。古中原首先成为发达地区，这是历史事实。中原最早发展出成熟的书写文字而导致文明迅速发展[1]，因此成为古代天下的核心，周边族群自然就有向心的活动，无论是模仿学习还是抢劫物资，甚至夺取中原统治权，总之，中原成为了各族共同竞争之地，胜利者就占有并继续发展中原文明。孟子早就指出，有些圣王就来自蛮夷，例如舜是东夷人，周文王是西夷人。[2]重要的是，天下无外的概念先验地否认了对立的外部性，并且先验地承认了多样性和兼容性。蛮夷戎狄仍在五服之内，四海远邦也在天下之内。

发达的中原文化虽自认是文明榜样，却不否认其他文化各有优势。“由余使秦”的故事就是一个实例：西北戎王的使者由余访问秦国，秦缪公说：“中国以诗书礼乐法度为

1 按照古代传说，中原文字的发明早至黄帝时代（新石器时代），但根据陈梦家的考证，出土文物证明，能够表达完整思想的中原文字没有那么古老，而是出现在殷商早期或略早于殷商，约在 3500 至 4000 年前之间。见陈梦家:《中国文字学》，北京：中华书局，2011 年版，11~15 页;《殷墟卜辞综述》，北京：中华书局，1956 年版，644 页。

2 《孟子 · 离娄下》。

政，然尚时乱，今戎夷无此，何以为治，不亦难乎？”由余回答说：“此乃中国所以乱也。夫自上圣黄帝作为礼乐法度，身以先之，仅以小治。及其后世，日以骄淫。夫戎夷不然，上含淳德以遇其下，下怀忠信以事其上，一国之政犹一身之治，不知所以治，此真圣人之治也。”缪公深受触动，对大臣说：“孤闻邻国有圣人。”[1] 另一个更知名的实例是赵武灵王胡服骑射的改革，许多贵族反对赵武灵王学习匈奴文化而论证说，中国有贤圣之教，有诗书礼乐，从来都是“远方之所观赴也”，是蛮夷的榜样，如果反过来“袭远方之服，变古之教，易古之道”，恐怕逆人之心。赵武灵王反驳说：“常民泥于习俗，学者沉于所闻”，所以愚民和学者都不能“观远而论始”，何况“三代不同服而王，五伯不如教而政。古今不同俗，何古之法？帝王不相袭，何礼之循？利身之谓服，便事之谓教。观时而制法，因事而制礼，法度制令，各顺其宜；衣服器械，各便其用。故治世不必一其道，便国不必法古。”[2] 另外，先秦中原的一些王公贵族以“蛮”“夷”“戎”等为名字，可见蛮夷名称并非贬义词，

---

1 《史记 · 秦本纪》。

2 《战国策 · 赵策 · 武灵王平昼间居》。

对此王柯有个有趣的解释：游牧民族强悍健壮，以蛮夷为名很可能是希望男儿雄壮之意[1]。

在理论上说，天下无外意味着世界的共有性和共享性，任何人都有权利参与建构天下秩序，任何民族都有可能成为天下秩序的主持者。正因不设文化边界，所以天下概念具有普遍的诱惑力和解释力。历史上许多族群不同程度地入主中原，特别是辽、金、元、清王朝，都以天下概念去解释其合法天命。

6 家与天下的循环

周朝天下体系的核心创意是把家化成世界同时把世界化成家的双向原则。这两个方向都设定了家与天下的同构性，但不同方向含有不同的意义：以天下为出发点，就意味着“天下—国—家”的政治秩序；以家为出发点，则意味着“家—国—天下”的伦理秩序。两种秩序汇合而成“天下—国—家—国—天下”的循环结构，同时也形成

1　王柯:《民族与国家》，北京：中国社会科学出版社，2001 年版，32~33 页。

了政治和伦理的循环解释。这种循环解释不是自相关（self-referent）的无效解释，而是政治与伦理的互相解释和互相做证：一方面，把家庭伦理外推至天下；另一方面，以天下政治庇护万家。

“家—国—天下”的伦理外推模式意味着以家为模本，化家庭关系为天下秩序。天子有义务维持天下的共同秩序和共同利益，类似家长的责任：“天子作民父母以为天下王。”[1]“授土授民”的分封类似于家族兄弟分家，虽然分治天下，但永远保持“四海之内若一家”[2]的关系；“天下—国—家”的内含模式则是把天下看作是属于所有人的共同财产，使天下成为一切国家和家庭的安全和利益保障。如果说，化家为天下的伦理“无外”意味着博爱，那么，化天下为家的政治“无外”则意味着公正；伦理博爱的无外是人道，所谓“老吾老，以及人之老；幼吾幼，以及人之幼。天下可运于掌”，故“推恩足以保四海”[3]；政治公正的无外则是王道：“无偏无党，王道荡荡；无党无偏，王道平平；无反

1 《尚书·洪范》。

2 《荀子·议兵》。

3 《孟子·梁惠王上》。

无侧，王道正直。”[1] 或者如孔子所说的天地般无私：“天无私覆，地无私载，日月无私照。”[2] 由此可以清楚地看出“无外”的伦理秩序和政治秩序的循环性：一方面，以家庭概念去定义世界四海一家的性质，确定了天下的内部性；另一方面，又以公正无私概念去定义天下的共享性质和共有性质，确定了天下的普遍性，使天下概念与家庭概念达到重合，使内部性与普遍性达到一致。

根据“无外”原则，只有整个世界形成内部化，才能达到天下大治。在一个内部化的世界里，政治秩序是普遍可传递的（transitive），或者说，只有当政治秩序在各个政治层次之间是无矛盾而贯通的，才具有普遍的有效性和可信性。从周朝的制度设计来看，政治秩序和伦理秩序在天下—国—家和家—国—天下两个方向都是可传递的，而且形成一个内部循环。伦理原则和政治原则在这个循环中同样是必不可少的，因此是同等重要的，但它们毕竟是两个原则，因此，总会出现何者为主，何者为辅的问题。这个问题类似于，《周易》认为自然秩序由阴阳两种同样重要的

1 《尚书 · 洪范》。

2 《礼记 · 孔子闲居》。

因素互补而成，但阳为主而阴为辅。可是，在天下—国—家这个结构里，到底以天下的无私原则为主，还是以家庭的推爱原则为主，却是个潜在的未决问题。到了周朝后期的春秋战国时代，这个问题引起了不同的解释。

按照管仲和老子的理解，天下—国—家的秩序的根本意义在于普遍性，天下是一切人的集合，各国各家都是天下的子集，这意味着每个政治单位都各有自身的独立利益和独立秩序，规模更大的政治单位必定有着更大的公共利益和公共秩序，而天下是最大的公共利益和公共秩序，于是，天下之要义就在于像上天一样无私地庇护所有人。管仲曰："以家为乡，乡不可为也；以乡为国，国不可为也；以国为天下，天下不可为也。以家为家，以乡为乡，以国为国，以天下为天下。毋曰不同生，远者不听；毋曰不同乡，远者不行；毋曰不同国，远者不从。如地如天，何私何亲？如月如日，唯君之节。"[1]就是说，天下必须有着"如天如地"的无私尺度，超越家庭、民族和国家的观点去治理天下。老子有个更简练也更知名的表述："以身观身，以

1 《管子 · 牧民》。

家观家，以乡观乡，以邦观邦，以天下观天下。”[1] 管仲早于老子，据说老子是周朝的国家档案管理员，很可能读过管仲的著述。管仲和老子的理解都非常接近《尚书》所定义的“无偏无党”[2] 的王道。

管仲和法家都相信公正无私的王道表现为“法”。先秦的“法”是一个比法律大得多的概念，实际上指的是整个社会的游戏规则，特别表现为“赏罚”制度。其中，法律主罚，利益分配制度主赏，合起来是利益回报和惩罚罪恶的无偏袒游戏规则。只要一种游戏规则能够保证善有善报、恶有恶报，就足以治理天下：“不知亲疏、远近、贵贱、美恶，以度量断之。以法制行之，如天地之无私也。”[3] 这种法制（rule by law）并非法治（rule of law）。法制的局限性在于难以解释其规则之正当性，或者说，难以证明规则之宪法性（constitutionality），因为这是法制本身无法自我证明的。其中的隐患是，一种无私的法制并非必然能够保证好的生活，甚至有可能是违背人性的。

1 老子：《道德经 · 第五十四章》。

2 《尚书 · 洪范第十二下》：“无偏无党，王道荡荡。无党无偏，王道平平。无反无侧，王道正直。”

3 《管子 · 任法》。

孔子对天下—国—家的秩序基础另有理解。孔子意识到理性秩序终究需要以人情为基础，任何超越了人情的政治秩序都不可能符合民心，也必定被人们言行不一的实践所解构，因此孔子不信任法制。可是，人情天然有私心，除非人情中另有一种强大的无私人情能够克己，否则人情必定成为冲突之源，或者说，人情中必须另有无私基因才能够生长出无私的秩序。孔子在人情中找到的无私基因是"亲亲"。人对亲人的爱是无条件的，也就是无私的，因此，孔子相信亲亲正是道德的可靠基础。亲亲的社会形式是家庭，所以家庭是超越个人自私的仁爱原产地，是人类一切仁爱基因的基本载体，因此有理由成为天下一家的原型。对于孔子来说，天下—国—家的政治秩序必须以家—国—天下的道德秩序作为最终依据，正是家—国—天下的道德秩序保证了天下—国—家的政治秩序之正当性。天下不仅是把所有的国和家纳入一个系统，还必须把天下变成一个无限的家。家的隐喻同样见于《尚书》，"始于家邦，终于四海"[1]，"天子作民父母以为天下王"。[2]

1 《尚书 · 伊训》。

2 《尚书 · 洪范》。

儒家把家庭理解为蕴涵着全部人道基因的近乎神性的生活空间，具有不可还原（reduced）为个人价值以及社会契约的先验共享意义。在儒家看来，人是由关系所定义的人。当说到个体a，不可能单独地描述a，而必定是在说“存在着个体a，当且仅当，（a∧b）∧（a∧c）∧（a∧d）……”。以家庭模式去理解生活，就是按照家庭的逻辑性，即“逻辑合取”（∧），去追求和谐、义务与和平。作为对比，如果以个人去定义生活，就会按照个人的逻辑性，即“逻辑或取”（∨），去追求权利、利益和斗争。真实生活中的家庭关系也可能出现斗争，但这不是否定儒家观念的反例。儒家只是认为，就可能性而言，家庭是个人利益计较趋于最小化的一种生态环境，最有利于形成无条件的互相关心和相互责任，在这个意义上，作为理想概念的家庭性足以解释人道，所谓“人道竭矣”[1]，于是，家庭原则被认为是处理一切社会问题、国家问题乃至天下问题的最优原则。

家—国—天下的道德推广方式并非没有疑问。早在战国时期，商鞅就提出了尖锐的批判：“其道亲亲而爱私，亲

1 《礼记 · 大传》。

亲则别，爱私则险。”[1]就是说，家庭虽然超越了个人之绝对自私，却造成以家为单位的相对自私，各家自私导致的冲突仍然类似于各人自私所导致的冲突，因此儒家的家庭理论于事无补。在现代，费孝通也提出了一种严重质疑：以家庭为中心的推广就像是“波纹同心圆”，层层向外推远，基于情感的道德关心推到陌生人那里就无力再维持其效果了，家庭原则在推广过程中的递减效应是其根本弱点。于是费孝通认为，儒家的经典论述“古之欲明明德于天下者，先治其国，欲治其国者，先齐其家，欲齐其家者，先修其身……身修而后家齐，家齐而后国治，国治而后天下平”[2]其实也暗含自私的逻辑：“一个人为了自己可以牺牲家，为了家可以牺牲党，为了党可以牺牲国，为了国可以牺牲天下。”[3]既然家庭模式无法保证普遍仁爱，家庭模式就难以化为天下模式。

孔子并非没有考虑到这个难题，他相信仁爱的推广必须借助榜样的力量。可问题是，人人赞美道德榜样，却

1 《商君书·开塞》。

2 《礼记·大学》。

3 费孝通：《乡土中国》，北京：生活·读书·新知三联书店，1985年版，27页。

未必愿意加以模仿，见贤未必思齐，而更可能产生搭便车（free-rider）问题。商鞅一针见血地指出："仁者能仁于人，而不能使人仁；义者能爱于人，而不能使人爱。是以知仁义之不足以治天下也。"[1]就是说，仁者只能做到自己成为仁者，而不可能必然把他人变成仁者。这里有一个知识与行动不一致的问题。按照儒家的假设，人道是自明的，人人无须论证就知道什么是善恶。可是，人们明知何为善恶，却仍然明知故犯。这意味着，道德的自明性（self-evidence）不能保证人们愿意选择道德。孔子遇到的困境是一个与苏格拉底假定正好相反的问题。苏格拉底相信，无人会明知故犯（no one errs knowingly），理由是，如果人知道了什么是真正好的，绝不会愚蠢到去选择坏的。显然，事实往往与之相反，《礼记·坊记》中描述了孔子的失望：无论在大利或小利面前，人往往都经不起考验而见利忘义（当然并非每个人都这样）。

虽然孔子想象的榜样力量并不可靠，但孔子提出的榜样问题却具有重要的理论意义。并非榜样无效，只是孔子想象的道德榜样是无效的。事实上，榜样有着普遍的社会

1 《商君书·画策》。

影响力，模仿效应是解释集体选择的一个极其重要的因素（我在前面论证的博弈“模仿测试”就来自孔子的启发）。问题在于，真正具有影响力的榜样不是道德榜样，而是获利榜样，即所谓的成功榜样。单纯的道德榜样很难形成影响力，除非道德榜样同时是成功榜样，就是说，道德榜样必须与成功榜样是一致的，才足以影响整个社会。这正是孔子所忽视的要害问题。法家（商鞅和韩非）意识到只有获利榜样才有普遍的诱惑力，因此相信只有“赏罚”之法才能塑造普遍有效的秩序，或者说，只有以无私天道为准的无私人道才能建立天下秩序。

总的来说，天下—国—家和家—国—天下两种秩序使周朝天下体系具有双重性质：一方面具有系统化的共在性（systematical co-existentiality），另一方面具有普遍化的庇护性（universal patronage），既形成了互相做证的循环解释，同时也形成了一种内在的张力，正是这种内在的紧张使天下体系成为一种具有自身修正能力的存在秩序。就周朝制度而言，天下—国—家和家—国—天下两种秩序在理论上同等重要，在实践上则留出了灵活解释的余地。

7 天 命

政治正当性是事关政治秩序生死存亡的问题。如果缺乏正当性的证明，一种政治秩序就得不到普遍承认和支持而有两大危险:（1）社会不合作将使政治秩序无法实行或被消弭。孔子对此有清楚的意识:“名不正，则言不顺；言不顺，则事不成。”[1]（2）缺乏社会合作的政治秩序难以形成社会动员，也就无力抵抗其他政治力量的挑战而容易被颠覆。

政治正当性就是政治秩序的“天命”，失去天命就会被革命。缺乏正当性的政权只能通过暴力去维持，可是强大的暴力无法建立有效的社会，一个无效率的社会最终将导致政治崩溃。这意味着，如果政治与社会两者是不协调的，政治终将失败。所谓革命，重点不在夺权，而在于建构新的政治秩序。在严格意义上，革命必须是制度革命。如果一种政治力量推翻了先前的政权而继承了传统制度，这只能说是继承了正统，并不是革命。按照这个标准，中国历史上只有过三次真正的制度革命：周朝建立天下体系，秦汉建立郡县制的行政一统制度，还有清朝

1 《论语 · 子路》。

崩溃后至今尚未完善的现代制度。

中国对政治正当性的反思如此之早，或与周克商之“以小灭大”的特殊经历有关。在周之前，天命是个神秘信仰。商的天命观念强调统治受命于天，天命来自上天的意志，称为上帝。当时的“上帝”概念并不是对所有人一视同仁的普遍意志，而是殷商部族所专有的特殊保护神，大概是上天与祖先神的同体想象。殷商部族相信天命是祖先的遗产，这种祖荫与其他部族无关[1]，只要一直保持对上天的敬意，上帝就不会抛弃殷商部族，于是，不断的祭祀就成为保住天命的方法。

周以小邦克商，以人为奇迹打破了殷商专有天命的神话，证明了天命与祭祀无关。证据是，尽管殷商对上帝的祭祀一直隆重非常，虔诚之至，从未懈怠，可是上天却放弃了对商的庇护，反而像《诗经》歌唱的那样“乃眷西顾”而看到更有美德的周部族而助周克商[2]。可见上天是天下所有人共有之上天，所谓“天无私覆，地无私载，日月无

1　张光直:《中国青铜时代》，北京：生活 · 读书 · 新知三联书店，1999 年版，414~415 页；许倬云:《西周史》，北京：生活 · 读书 · 新知三联书店，2001 年版，101~103 页。

2 《诗经 · 大雅 · 皇矣》。

私照”[1]，上天决定保佑谁，不在祭祀，而在于德行是否配得上天命。殷商失德，而周德显著，所以上天把天命转给了周。《诗经》歌唱了这种新的天命意识：“文王在上，于昭于天。周虽旧邦，其命维新……假哉天命，有商孙子。商之孙子，其丽不亿。上帝既命，侯于周服。侯服于周，天命靡常……王之荩臣，无念尔祖。无念尔祖，聿修厥德。永言配命，自求多福。”[2]周以德行重新定义了天命。这是一个意义深远的革命。

为了更好地理解古人的天命概念，有必要回到文明早期。政治之前的自然状态依靠的是武力统治，无非是弱肉强食，尚未有“政”。虽然人类早期社会已有初步的文明，但仍然延续自然的弱肉强食规则（即使今天的世界也仍然存在弱肉强食），但问题是，武力不可能占据和支配所有的空间和时间，总有许多空间和大量时间落在武力控制之外，因此，武力的统治永远漏洞百出。古人很可能在经验中发现了武力的局限性，意识到团结的精神生活具有决定性的政治意义。精神生活是集体可分享的经验，控制了精神生

1 《礼记 · 孔子闲居》。

2 《诗经 · 大雅 · 文王》。

活就控制了众人的心灵，而心灵的一致认同是政治权力的基础。

最简便也最有号召力的精神生活是宗教。古代生活几乎被自然力量所支配，古人希望得到自然的眷顾或庇护，希望“听”到上天的指导，于是出现了巫师。巫师以通天之术“听”到上天的信息，因此拥有了话语权力。宗教最重要的功能之一就是话语权。最早的巫师和部族首领是一体的，甲骨文的卜辞证实了直到殷商时期，商王仍是巫师的首领。[1]到底是巫师由于拥有话语权力而成为首领，还是首领为了拥有话语权力而兼任巫师，因缺乏证据就不得而知了。比较合理的推想是，首领兼巫师的可能性大过由巫师而成首领。在远古，有能力对付最危险挑战的人就成为首领，而最危险的挑战是来自另一个部族的战争，因此早期部族首领必定首先是军事首领。由此来看，军事首领兼巫师是比较合理的。李泽厚认为，即使后来有了专职巫师，政治领袖仍是首席巫师以便控制神权。[2]

1　张光直:《美术、神话与祭祀》，北京：生活 · 读书 · 新知三联书店，2013 年版，37 页。

2　李泽厚:《由巫到礼，释礼归仁》，北京：生活 · 读书 · 新知三联书店，2015 年版，6~7 页。

除了巫术的占卜、祭祀、祈祷，人们别无通天求助之法，于是巫术宗教就成为远古时代的最高精神生活。它似乎能够解释一切，也就能够支配心灵，进而成为权力。如果要统一支配心灵，形成万众一心，巫术宗教也需要统一，首领必定要求独家垄断宗教的话语权、解释权以及程序的决定权，就需要把宗教官方化，禁止宗教民间化。发生在远古时代的“绝地天通”就是一个革命性的事件。据说那时各部族长期混战导致人们失去安全感，只好各自求神，家家祭祀，人人成巫。当巫术变成人人可为之事，就失去了严肃性而变成投机和欺骗，结果神灵降灾，民不聊生，于是，圣王颛顼整顿了宗教活动，禁止自由而混乱的民间宗教行为，断绝民间巫师与天神的沟通，所谓“绝地天通”。这不是取消宗教，而是把宗教收归首领专有，变成官方垄断的专利，所谓“民神不杂”。

这个事件的记载最早见于《尚书·吕刑》，但语焉不详，只说颛顼“乃命重、黎绝地天通”。后世楚昭王天真地求教观射父：假如没有绝地天通，“民将能登天乎”？观射父详细解释了这个事件的前因后果：“非此之谓也。古者民神不杂……各司其序，不相乱也”，而后来“民神杂糅，不可方物。夫人作享，家为巫史，无有要质。民匮于祀，而不知其福。烝享无度，民神同位。民渎齐盟，无有严威。神狎民则，不蠲其为。嘉生不降，无物以享。祸灾存臻，莫尽其气”，于是颛顼“使复旧常，无相侵渎，是谓绝地天通”[1]。据张光直分析，巫术民间化的时代大概属于仰韶文化时代，而“绝地天通”事件大概发生在龙山文化时期。[2]“绝地天通”事件说明当时的首领已经意识到话语权或精神政治的重要性：垄断了预言，就垄断了未来。很显然，如果各家都有自己的通神之法，首领权威就会瓦解。殷商最具宗教色彩，它继承了神权垄断的成果，将上帝和殷商祖先融为一体，塑造为专门庇护殷商之神，因此垄断了上天的消息，成为天命的代表（这与犹太人相信自己是选民而独得上帝消息的情况或多或少有些类似）。

周朝的革命不仅是政治革命，也是神学革命。周朝的神学革命与基督教对犹太教的改革也或多或少有些相似，我不想夸大这种相似性，但两者至少有一个相似之处：正

---

1 《国语 · 楚语下》。

2 张光直：《中国考古学论文集》，北京：生活 · 读书 · 新知三联书店，1999 年版，393 页。

如基督教把上帝的拯救重新解释为向一切人开放的普遍神恩，周朝把原来被殷商垄断的特殊天命重新解释为普遍天命，使天命具有一视同仁的普遍性，即天命只以德行作为选择标准。天命的普遍性是天下概念的一个重要基础，只有当上天具有无偏心的普遍性，天下才具有同样的普遍性和共享性，才能够成为天下人的天下，而不是一家之天下。天下这个词汇在周朝之前或许已经存在，但在周朝的神学革命之前，天命尚未成为普遍概念，殷商甚至尚未使用“天命”而用“帝命”，即“上天之帝命”[1]（这也暗示殷商的天帝只是特殊神），天下概念也恐怕只有地理学含义，只相当于世界，尚未变成世界、民心和制度三者合一的天下。假如没有普遍的天命，就不可能有普遍开放和普遍共享的无外天下。周朝的神学革命导致了一系列问题的深刻变化：

（1）以德行去重新定义享有天命的资格，这意味着天命可以变更。既然上天并非某个民族的特殊保护神，而是天下人共享的保护神，那么，获得天命的条件就不可能是幸运的机遇，而只能是可以比较的品质，也就是德行。所

1 陈梦家指出：天命在殷商时称为“帝命”，天命乃周人之说法。见陈梦家：《尚书通论》，北京：中华书局，2005 年版，207 页。

谓德行，就是替上天看护天下的行为，是保证天下万民生生不息、各得其利的义务。没有尽到这个义务就是失德，也就失去正当性。这是革命的理论基础。

（2）既然德行决定天命的降临，占卜就不再代表上天的权威消息。这意味着未来观的一个革命：未来不是占卜预言所能预告的，而是由行为所创造的，行为决定命运，而不是启示指定命运。周朝依靠德行而成功，这个事实直接导致了对天命的重新理解：上天的意志与人的行为之间是互动关系，上天根据人的行为来决定给予什么样的命运，所以说，未来不是预定的，而由人与天的互动而后定。不过周人并没有完全清除占卜的传统，只是将占卜降格为次要参考。《尚书 · 洪范》记载的一个故事似乎有助于理解占卜在周朝初期的地位。周武王请教殷商遗臣箕子有何忠告，箕子的忠告中有一条是关于未来行动的：对未来心存疑问时，君主自己先思考，然后与大臣商议，再与庶民商议，又再参考龟卜和筮卦（另一种占卜）。如果君主、大臣、庶民、龟卜、筮卦五者意见一致，那就绝对无疑可行；如果其中两种人有异议，而两种占卜都无异议，仍然可行；如果其中一种占卜有异议，则对内行动仍然可行，对外行动不可行；如果龟卜和筮卦两者都有异议，则最好放弃行动。[1]假定周武王接受了这个有趣的忠告，不难看出，这种未来决断法是以人谋为主，因为龟卜和筮卦皆为异议的概率只有四分之一。

（3）对未来的重新理解建立了以历史性为核心的存在意识，历史的重要性取代了预言的重要性，历史意识胜过了启示意识。既然行为创作未来，同时也就是创造历史，历史成为命运的决定性变量：过去的有德行为将决定未来的好运，而失德将决定未来的败运。因此，周朝开国王公们不断告诫子孙要以德行去担保未来。周朝奠定了历史意识在中国思想中的核心地位（所谓“六经皆史”），使中国文化成为一种历史文化而没有成为启示文化。未来观的变化应该就是历史意识压倒启示意识的关键原因，由此或许能够解释“李泽厚猜想”：中国文化的秘密在于文化早期就形成了由巫术意识向历史意识的转化。李泽厚认为这个复杂的转化过程“今日已很难具体知晓”[2]。或许转化过程的历

1 《尚书 · 洪范》。

2 李泽厚：《由巫到礼，释礼归仁》，北京：生活 · 读书 · 新知三联书店，2015 年版，13~20 页。

史细节已经无法复原，但我相信周朝的德行观念正是导致转化的临界点：既然德行担保了未来的命运，德行的历史记录就是未来命运的密码。

（4）天命（政治正当性）归为德行，而德行却还需要可信的直接证据（evidence）。周人意识到最能够直接证明德行的证据就是民心，所谓“民情大可见”[1]，就是说民心是无形天命的显形。天命变更的信号就是民心之转移，周朝文献对此多有论述：“汤武革命，顺乎天而应乎人”[2]“民之所欲，天必从之”“天视自我民视，天听自我民听”[3]。孟子也说：“桀纣之失天下也，失其民也；失其民也，失其心也。”[4]天命以德行为依据，德行以民心为证明，周朝思想为政治合法性建立了一个完整的解释框架。

问题没有结束，而是刚刚开始。如果说德治的证明是民心，那么民心又是什么？是一个统计学结果还是人同此心的普遍理性选择？是一个经济学概念还是一个政治学概念？根据周朝文献，民心只跟随利益。德治就是让众人普

1 《尚书 · 康诰第十五》：“敬哉！天畏棐忱，民情大可见。”

2 《周易 · 革 · 彖》。

3 《尚书 · 泰誓》。

4 《孟子 · 失天下也章》。

遍得利，而民心必定支持德治。“王若欲求天下民，先设其利，而民自至，譬之若冬日之阳，夏日之阴，不召而民自来。此谓归德”[1]，又所谓“皇天无亲，惟德是辅。民心无常，惟惠之怀”[2]，便是此意。春秋战国文献对民心也有同样的理解。管仲曰：“政之所兴，在顺民心；政之所废，在逆民心。民恶忧劳，我佚乐之；民恶贫贱，我富贵之；民恶危坠，我存安之；民恶灭绝，我生育之。”[3]荀子也指出：“兴天下之同利，除天下之同害，而天下归之也。”[4]假托姜太公名下的战国作品《六韬》也有清楚的论述：“同天下之利者则得天下，擅天下之利者则失天下。天有时，地有财，能与人共之者仁也。仁之所在，天下归之……与人同忧同乐，同好同恶者，义也。义之所在，天下赴之。凡人恶死而乐生，好德而归利，能生利者道也，道之所在，天下归之。”[5]简单地说，民心要义有三：（1）人民最关心的是生存条件和物质利益，以利惠民是最得民心的方法，即使不是获得民

1 《逸周书·大聚解》。

2 《尚书·蔡仲之命》。

3 《管子·牧民》。

4 《荀子·正论》。

5 《六韬·文韬·文师》。

心的充分条件也至少是必要条件；（2）民心向背表现为人民的追随，相当于“以脚投票”；（3）民心向背不仅是政治正当性的证明，也同样是革命正当性的证明。可见，先秦对民心的理解主要属于政治经济学。德治的要义就是兴利除害，按照现代的说法，就是保证安全和利益的普遍供给。概括地说，好政治就是为天下人谋幸福。这个标准长期成为中国人对好政治的理解。

显然，古代中国所理解的民心是民情，不是民意。民意是一个统计学的结果，而民情是人人心同此理的需要，也就是以推己及人的方式即可直观的普遍人情。正如管仲所言：“人情不二，故民情可得而御也。”[1]不过，主观所欲（wants）与客观所需（needs）之间很难有一个清晰界线，粗略地说，民情主要属于生存的概念，包括生存所需的安全和物质利益，似乎不包括价值观和宗教信仰。这或许与古代社会的情况有关，古代社会在基本价值观上尚未发展出原则性的分歧，这意味着古代社会有着比公共选择（public choice）更稳定的共同选择（common choice）。因此，民情不需要统计学，只需对人情的理性判断即可了解。

1 《管子·权修》。

在这个意义上，符合民心的德治就是人人普遍得利的制度安排。

以民心为准并非万无一失。众人之心有时候也可能是错误的选择，甚至不一定能够保证共同利益，非理性的集体选择所损害的正是民众自身的利益。正如柏拉图等希腊哲学家反对民主，孔子等先秦哲学家虽然强调政治必须符合民心，却反对听从民众一时之心，理由是民众不知道什么是对他们真正有利的。希腊和先秦哲学家都希望能够找到既无可置疑又众皆同意的普遍好事：希腊哲学家找到了普遍理性所能证明的知识，先秦哲学家找到的是普遍人情所蕴涵的道德。

普遍理性的局限性在于，正确的知识并不能阻止人的错误选择，因为行为的最终理由不是真理，而是利益或欲望。因此，普遍人情更有可能成为合理选择的普遍根据。儒家有一个深刻的直观：一个理性原则无论多么完美，只要超出了人情就失去作用。与人情无关就等于否定了生活，对于生活就失去意义，而人选择的是生活，而不是完美的概念。可是，普遍人情也有一个严重困难：自私正是最有力量的一种人情。要找出比自私更有力的人情并不容易，儒家在这里遇到一个悖论：普遍原则必须基于人情，可是由情却推不出理。

任何一种可能生活都表现为自己与他人的关系，没有他人就没有生活，与他人的外部关系规定了生活的可能性。显然，为他人所拒绝的人情就不可能成为普遍原则，因此，普遍人情只能由人际关系推出，而不可能由人性本身推出。最优的人际关系就是人情的普遍原则。孔子的突破性发现是：二人关系是任何一种可能生活的最低限度，因此，普遍人情的原则必定就隐藏在二人关系之中。“仁”的概念本义就是“二人之间”，它暗示着“任意二人所一致同意的最优相互关系”。一种关系必须有益于他人或者至少无害于他人，才可能为他人所接受，如果他人不接受，就构成不了仁。孔子说，仁是“爱人”[1]，即尊重他人（的生命和利益），其原则是“己欲立而立人，己欲达而达人”（积极原则）[2]以及“己所不欲，勿施于人”(消极原则)[3]，正是此意。孔子的消极原则几乎全同于基督教金规则的消极原则，而其积极

1 《论语·颜渊》。

2 《论语·雍也》。

3 《论语·颜渊》。

原则胜过基督教金规则多矣，它表达的是我与他人的同步利益改善。

普遍人情与普遍理性可以互补：普遍理性意味着公正原则，普遍人情意味着合理原则（reasonability）。普遍理性可以解释任何人必须承认的规则，普遍人情解释了任何人乐意承认的规则，因此，普遍理性产生的公共产品是法律，普遍人情产生的公共产品是道德。在孔子看来，普遍人情所定义的道德就是恒定的民心。既然民心与道德一致，符合道德就是符合民心，正是在这个意义上，孔子相信道德是政治正当性的根据。由此可以理解为什么周朝相信敬德在于保民，保民等于保有天命。王国维对周朝政治的理解最为清楚：天、命、民、德“四者一以贯之”而为周朝“治天下之精义大法”，而“周之制度典礼实皆为道德而设”[1]。侯外庐认为，如果倒过来说成“周之道德，实皆因其制度而生”就更准确了[2]。也为精辟之见。周朝的道德原则是其制度的核心观念，而制度是其道德原则的实际界定。

1　王国维:《殷商制度论》，见《观堂集林》，石家庄：河北教育出版社，2001 年版，301~302 页。

2　侯外庐:《中国古代社会史论》，石家庄：河北教育出版社，2003 年版，206 页。

8 德与和

“德治天下”与“协和万邦”是周朝的两个基本政治策略，与其制度有着密切配合。我们可以考虑一个问题：策略与制度，何者更为重要？这并非当时之疑问，只是隐含在周朝政治中的一个问题。从现代观点去看，如果一种策略在实践中成为稳定的均衡，就非常可能被制度化。按照这种理解，制度应该是更重要的秩序，是一个社会的决定性因素。不过，制度决定论把社会理解得太接近机器的运作，好像只要设定了制度，社会实践就成为按照制度的自动运作。这一点却有些可疑，因为人有足够的能力和灵活性去歪曲或解构一种制度而导致制度失灵。

维特根斯坦的“遵循规则悖论”[1]可以理解为是对制度决定论的一种哲学质疑。制度是一种游戏规则，规则的最终意义只能由具体实践去解释，因为规则无法预定未来情景以及相关实践的细节，只有实践才能表明规则

1　Ludwig Wittgenstein: *Philosophical Investigations.* New York:The Macmillan Company, 1964, p.201.（路德维希 · 维特根斯坦:《哲学研究》，中译本 2005 年由上海人民出版社出版。——编者注）

的真实运用情况，而规则的每个实践情况不可能完全相似，因此，即使一种定义清楚的规则也无法完全决定对此规则的所有应用的实践一致性，实践的情景性和不可重复性总是有弹性地、灵活地解释规则。如果实践总是灵活地解释规则，也就无法定义什么是真正遵循规则的行为了。当然，维特根斯坦的规则悖论有些夸张，不至于挑战所有规则，那些专业性和精确性非常高的规则能够限制其应用实践的弹性，但维特根斯坦的规则悖论对于生活中的多数规则仍然有效，因为大多数的生活情景不是充分受控制的实验室状态，而总是存在着不确定性。维特根斯坦并非解构论者，至多是个怀疑论者，他只是相信：规则的意义只限于已经发生的实践实例所给出的解释，但是规则无法预先确定其未来实践将给出什么样的解释，简单地说，规则不足以解释自身，只能由实践去解释，已经实践的就是已有的解释，但已有的解释不能必然推出尚未实践的解释。这个规则问题提示了，策略至少与制度同样重要，甚至可能比制度更接近政治理念。

周朝的制度设计据说参照了远古至夏商的制度得失

而加以革命性的改进，这暗示着，周朝相信制度并非不可让步的政治原则，而是政治原则的特定表达形式。周朝的政治原则就是定义了政治领域和政治性质的天下概念，还有定义了善政的德治策略与协和策略。可以说，天下、德治、协和才是周朝政治的真正精神遗产，而分封制度和礼乐制度只是当时有效的制度，并非不可变更的政治原则。事实上，在周朝后期，诸侯们就开始改变制度，被孔子批评为“礼崩乐坏”，而秦始皇更是直接彻底地“易制”。

周朝政治把德治策略和协和策略看作是善政的根本原则，这意味着，只有始终运用正当的策略，才能够保证制度的有效性，就是说，制度无法解释自身，而只能由实践去解释，因此，实践策略比制度更为根本，只有良好的实践策略才能保证制度的良好运行。制度是各种典章、法律、礼仪所固定化的功能形式，属于政治之“器”；策略是与行为一体化的政治原则，体现着政治之“道”。从本质上说，制度是根据已经稳定了的均衡策略制定的，也正因此，制度是被固定化的具有因循结构的规则，在这个意义上，制度是惰性的，而只有尚未被固定化的策略才是活跃的。根据《周易》，形而上之道之所以是永远不变的根本原则，就在于它永远保持变易能力，于是，保持活跃性的策略反而比制度更接近不变之道。德治与协和这两个策略正是《周易》的“生生”原则（let all beings be in becoming）的政治表达。德治与协和的侧重点有所不同，德治的目标是社会内部化，协和的目标是世界内部化，其基本精神一致，都是试图达到合作最大化并且冲突最小化的策略，其共同精神是创造所有人都愿意接受的普遍秩序，正如孔子所定义的好政治标志“近者悦，远者来”[1]，即当地人民满意，远方人民向往。

德的概念自周以来成为中国政治和伦理的核心概念。古文献和考古显示，德的概念很可能是周的发明，殷商尚无德的概念（此说尚未定论）。周的代表性文献《尚书》中处处可见关于德治的言论，诸如“德惟善政，政在养民。正德、利用、厚生、惟和”[2]之类。德之原义为心之正直，意味着公正原则，特别指分配公正，即“德者得也”[3]，意思是，

---

1 《论语 · 子路》。

2 《尚书 · 大禹谟》。

3 《礼记 · 乐记》。

有德在于惠及他人，让别人得到利益。管子曰："爱之、生之、养之、成之，利民不德（自得），天下亲之，曰德。"[1]德是获取民心的政治策略，爱民养民，让民得利，自己不贪，可得民心。人民得利而统治者得权。在这个意义上，德治也可以说是以利换权的政治策略："夫先王取天下，术术乎大德哉，物利之谓也。"[2]可见德治的原义是保证所有人的物质利益。

克商之前，周王就由于有德而获得众多诸侯的拥戴，据说周王一向"修德行善，诸侯多叛纣而往归西伯"[3]。周公试图把"有德者得天下"的经验化为"治理天下"的传统。德治策略的确是深谋远虑的政治意识：(1)长期来看，德治的政治效力远大于武力。荀子有过详细论证，大概意思是：有三种统治方式，武力、财富和德治。武力不得人心，统治不能持久；财富能够吸引人，但满足不了无限贪心，统治也不能持久；德治能够公正分利，是唯一能够持久的政

1 《管子·正》。

2 《管子·霸言》。

3 《史记·周本纪》。

治。[1]（2）德治的力量来自民心形成的集体力量。如果一直保持德治，生活有秩序，利益有保障，人民就倾向于保守主义，没有反叛的积极性，因为维持足够好的现状就是人们的占优策略。

德治的核心概念是公正。《国语》曰："夫正，德之道也。"[2]孔子曰："政者正也。"[3]没有公正就没有普遍有效的准则，就可以有各种理由去消解任何规则。在古代社会，公正指的都是古典公正，主要有两个原则：（1）比例原则：每个人配得什么就应得什么；（2）对称原则：一个人如何对待别人，别人就如何对待他。比例（ratio）和对称

---

1 《荀子·议兵》："凡兼人者有三术：有以德兼人者，有以力兼人者，有以富兼人者。彼贵我名声，美我德行，欲为我民，故辟门除涂，以迎吾入。因其民，袭其处，而百姓皆安。立法施令，莫不顺比。是故得地而权弥重，兼人而兵俞强：是以德兼人者也。非贵我名声也，非美我德行也，彼畏我威，劫我势，故民虽有离心，不敢有畔虑，若是则戎甲俞众，奉养必费。是故得地而权弥轻，兼人而兵俞弱：是以力兼人者也。非贵我名声也，非美我德行也，用贫求富，用饥求饱，虚腹张口，来归我食。若是，则必发夫掌窌之粟以食之，委之财货以富之，立良有司以接之，已期三年，然后民可信也。是故得地而权弥轻，兼人而国俞贫：是以富兼人者也。故曰：以德兼人者王，以力兼人者弱，以富兼人者贫，古今一也。"

2 《国语·周语下》。

3 《论语·颜渊》。

（symmetry）所定义的古典公正与平等（equality）和公平（fairness）所定义的现代公正有着明显差异。在现代观点看来，古典公正是不可接受的，因为不平等；而在古代观点看来，现代公正也是不可接受的，因为破坏了比例关系就反而破坏了平等，违反了“维齐非齐”[1] 的天道，就是说，平等不是均等分配，而是按比例分配。问题在于，古代和现代所理解的平等有所不同。

德治最重要的项目是其土地政策。法律规定每个家庭都分得一定面积的土地，保证耕者有其田；同时规定土地不许买卖和转让，保证人人不会失去土地。显然，只要土地的使用权是稳定的（土地所有权归天子），生活资源就有保障，社会秩序就是稳定的。公侯们或宗主国的主官（王畿的卿和大夫，约等于总理、军事统帅和部长）按照级别分到 50 里到 100 里不等的土地；诸侯国内的主官（诸侯国内的卿和大夫，即诸侯国的总理、将军和部长）按照级别分得 800 亩到 3200 亩不等的土地；技术官僚或专业人士（士）也按照级别分得 100 亩至 400 亩土地，平民每家也分

1 《尚书 · 吕刑》《荀子 · 王制》。

得 100 亩（与最低一级的士相同）。[1] 这样的政策是否足够公正，恐怕还需以历史条件为准。据说圣王们能够限制自己的利益而让利于民，“薄于身而厚于民，约于身而广于世”[2]，在可能条件下使人民利益最大化。如果利益分配相对有利于人民而非权贵就被认为是完美的德治。周朝毕竟是等级社会，不可能出现打破等级的利益分配，与其说德治是使人民利益最大化，还不如说是使统治者的剥削最小化。

其次，德治强调政府必须为人民创造有利生计的公共条件，这与“生生”信念有关：既然天地之大德为生生，天下政治之大德同样也是生生，促进生计就符合天道。管子详细解释了发展经济和社会福利的德治政策：“德有六兴。曰：辟田畴，利坛宅。修树蓺，劝士民，勉稼穑，修墙屋，此谓厚其生。发伏利，输墆积，修道途，便关市，慎将宿，此谓输之以财。导水潦，利陂沟，决潘渚，溃泥滞，通郁闭，慎津梁，此谓遗之以利。薄征敛，轻征赋，弛刑罚，赦罪戾，宥小过，此谓宽其政。养长老，慈幼孤，恤鳏寡，

1 瞿同祖:《中国封建社会》，上海：上海世纪出版集团，2003 年版，87~100 页。

2 《晏子春秋 · 内篇问上 · 第十一》。

问疾病，吊祸丧，此谓匡其急。衣冻寒，食饥渴，匡贫窭，振罢露，资乏绝，此谓振其穷。凡此六者，德之兴也。六者既布，则民之所欲，无不得矣。夫民必得其所欲，然后听上；听上，然后政可善为也。故曰，德不可不兴也。”[1]《逸周书》也描述了德治的种种措施，其中有几项政策颇具现代的合理意识，可见智慧古今相通，例如，“乡立巫医，具百药以备疾灾”，这是在各乡设立乡村医生；“不可树谷者树之材木”，即土地合理利用，不能农耕之地则发展林业；“春三月山林不登斧，以成草木之长；夏三月川泽不入网罟，以成鱼鳖之长”[2]，这是保护自然生态以保证可持续的生存状态；如此等等。

德治还表现在权力分配上，同样以公正原则为准。具体政策是优先并且保证贤人掌握权力，“建官惟贤，位事惟能”[3]而达到“野无遗贤”[4]。按照传说，权力的公正分配政策可以追溯到远古圣王时代的“禅让”和公推公议传统。选贤任能的政策不仅有利于贤人，更有利于整个社会，理由

1 《管子 · 五辅》。

2 《逸周书 · 大聚解》。

3 《尚书 · 武成》。

4 《尚书 · 大禹谟》。

是，民众只关心私人利益，而贤人更关心公共利益和普遍利益。这个理由在现代社会肯定被认为是政治不正确的。从政治功能上说，选贤任能的意义在于能够保证制度不会被无效无能的实践所败坏。这是一个关涉社会共同利益的正当理由。

接下来我们还需要分析周朝的另一个重要策略，即协和（compatibility）。如果说德治要解决的问题是“政府必须对人民做什么”，那么，协和试图解决的问题是“不同利益主体如何形成合作”。一切冲突都源于自私，管子曰：“私者，乱天下者也”[1]。自私是无法改变的自然人性，历史证明，无论是平均、共产、福利、个人权利等制度安排都不足以解决自私所导致的冲突。那么，在人性自私的既定条件下，是否存在能够必然形成合作的策略？协和策略就是针对这个问题的一种意义深远的努力。“和”的概念源于一种有和声功效的多管古乐器，暗含调和多样性而相辅相成的含义。从《尚书》看，协和是保证一切政治实体之间合作关系的

---

1 《管子·心术下》。

原则，即所谓“协和万邦”[1]“和恒四方民”[2]。

和的意义本来很明确，即不同事物的兼容性和互补性。不知何种原因，春秋时期一度产生混乱理解，以致分不清“和”与“同”（uniformity）的差异，于是出现关于“和”与“同”的争论。据《左传》，齐景公认为和等于同，晏子长篇大论解释了和与同的差异：“公曰：和与同异乎？对曰：异。和如羹焉，水火醯醢盐梅以烹鱼肉，燀之以薪。宰夫和之，齐之以味，济其不及，以泄其过。君臣亦然。君所谓可而有否焉，臣献其否以成其可。君所谓否而有可焉，臣献其可以去其否”；“先王之济五味，和五声也，以平其心，成其政也。声亦如味，一气，二体，三类，四物，五声，六律，七音，八风，九歌，以相成也。清浊，小大，短长，疾徐，哀乐，刚柔，迟速，高下，出入，周疏，以相济也。君子听之，以平其心，心平德和”；“若以水济水，谁能食之？若琴瑟之专一，谁能听之？同之不可也如是。”[3]又据《国语》，史伯给出了更深刻的分析：“夫和实生物，同

---

1 《尚书 · 尧典》。

2 《尚书 · 洛诰》。

3 《左传 · 昭公二十年》，也见于《晏子春秋 · 外篇 · 第五》。

则不继。以他平他谓之和，故能丰长而物归之；若以同裨同，尽乃弃矣”；“声一无听，物一无文，味一无果，物一不讲。”[1] 这些讨论说明了，“和”是多样配合，“同”是普遍同一。“同”之所以不可取，就在于“同”消除了事物的多样性和丰富性，使生活失去意义和生机，而且没有一种生物能够独活；“和”则是万物之生机所在，多样性和丰富性的互补配合使万物得以成长。因此，和是万物存在与生长的条件。管子概括为“和乃生，不和不生”[2]。

和的概念蕴涵着一种关系的存在论：（1）关系决定存在。一个事物无法独自存在，与之相关的事物是任何一个事物的存在条件，于是，共在（co-existence）是任何存在（existence）的必要条件。（2）共在关系的最低标准是互相伤害最小化。（3）共在关系的最优标准是相互利益最大化，形成互相依存、共荣共损的关系，即任何一方都无法单方面地获得利益改进。这个协和策略可以表达为：（1）对于任意两个博弈方X、Y，存在着一个互惠均衡，它使得，X能够获得属于X的利益x，当且仅当，Y能够获得属于Y的利

1 《国语·郑语》。

2 《管子·内业》。

益y，同时，X如果受损，当且仅当，Y也受损；（2）X获得利益改进x+，当且仅当，Y获得利益改进y+，反之亦然。于是，促成x+ 出现就成为Y的优选策略，因为Y为了达到y+ 就不得不承认并促成x+，反之亦然；（3）在互惠均衡中所能达到的各方利益改进均优于各自独立所能达到的利益改进。

协和策略是一个完美的合作策略，它能够创造最稳定的合作以及各方都满意的利益改进。协和策略比帕累托改进更为理想。帕累托改进只能表达社会总体发展，但不足以保证社会普遍满意。帕累托改进仅仅能改善某些人的利益而不使其他人的利益受损，或者某些人的利益改善比不上其他人的利益改善的程度，那些利益改善比较小的人们未必感激变大了的“经济学馅饼”，他们可能更需要“心理学馅饼”。假如心理学馅饼之所失大于经济学馅饼之所得，人们恐怕不会满意。只有协和策略才能达到人人满意，它大概等价于达到全体一致改善的帕累托改进。协和策略表达的正是孔子原则“己欲立而立人，己欲达而达人”[1]（established iff let established; improved iff let improved）。

1 《论语 · 雍也》。

为了表达对孔子的敬意，协和策略可称为“孔子改善”（Confucian Improvement）。协和策略的弱点是适用条件比较苛刻，显然并非处处都存在着能够形成协和策略的客观条件。

从周朝的实践上看，也只是部分地实现了协和策略，可见实践总是弱于观念。事实上，自周朝中期，天下体系就开始失去协和状态了，并且不断衰落乃至最后消亡。尽管周朝并非尽善尽美，但至少有着良好秩序，为什么一个好秩序也会崩溃？正如周朝创制天下体系有其特殊原因，其衰落也有其特殊原因，我们将试图解释：好秩序可以因为太好而崩溃。

9 好秩序为什么也会崩溃？

天下概念的故事已经接近尾声。春秋时期，周朝步步衰落而至最后崩溃，天下又成乱世，诸侯相伐，争为霸主，兼并成风，战争与权谋成为主流。以历史条件而论，周朝无疑是个好社会，2000 多年来一直被当作模范王朝，可是周朝还是崩溃了，这意味着，良好秩序也难以长治久安。这是个严重的问题。文学化的传统解释往往以流俗套路把王朝的崩溃归于末代统治者的堕落腐败。周朝中后期虽有个别荒谬故事，但周朝始终都不是一个腐败王朝。周朝不是亡于腐败，而是亡于好秩序的高尚漏洞，这才是问题所在。

政治秩序是人为世界创造的一种非自然的存在秩序，正是在这个意义上，历史是人的创世过程，人的存在论也是一种创世论——创造世界的创世论属于上帝，创造历史的创世论属于人。而人类所有难题都源于为世界创造历史的创世论困境：人类虽然有能力创造秩序，却没有能力设计完全无矛盾的秩序；有能力创造历史，却没有能力控制未来，因此，未来始终是一个致命的问题。

如前所述，周朝发明天下体系是为了能够在“以小治大”并且“以一治众”的条件下建构一个有效的政治秩序。这是一个历史上独一无二而至今再也没有出现的特殊局面，它迫使周朝不可能追求私利最大化，而只能将私利压缩到最低程度，以接近公正的秩序以及合理的利益分配去保证其政治权力，周朝因此成为模范王朝。古代社会通常只是专制统治，周朝的政治秩序却可能是一个例外，以专制去描述周朝政治多有不匹配的情况。虽然周朝政治具有某些专制性质，比如君主制和贵族世袭，然而周朝的天下体系却是一个分利分权的世界体系，明显放弃了对权力和利益的垄断。而且，周朝为了推行德治，宗主国为提供公共产品所承担的成本大过来自诸侯国的收入（贡赋），因此，周朝宗主国维持“世界和平”和“世界秩序”的费用主要来自宗主国本地。各国贡物主要是各地特产（从铁器、盐、宝剑之类实用物品到宝石、皮毛之类的奢侈品，还有大象、骏马之类的动物），更接近表达敬意的礼物，而非定量税收。周朝宗主国的经济实力没有因为享有各地贡赋而越来越强，反而由于承担公共成本而使经济实力越来越弱，这一点说明了周朝宗主国主要享有政治权威而并没有享受专制的经济厚利。另外，周朝采用了天子与士大夫“共治”天下的圣王传统。所谓共治，就是天子不能专断，不仅必须尊重既定制度，而且必须与大臣们商议。共治不是民主，但具有商议政治性质。总的来说，根据周朝政治的特殊性质，更贴切的命名似乎应该是“监护制”（supervisorship），而不是专制。现代政治学常以专制和民主两个概念去描述所有政治制度，显然过于贫乏而不能覆盖政治的所有可能性。

正因为周朝政治是一个足够好的政治秩序，好秩序的崩溃才成为一个需要反思的问题。到底是哪些不利因素破坏了周朝的秩序？西周末年遭受西北游牧族群的打击而被迫迁都，从此变成东周，这个剧变似乎说明游牧族群对周朝体系的叛逆可能是导致衰落的一个原因，周朝迁都事件也通常被看作是周朝衰落的标志。但这种理解似乎颠倒了因果关系，应该先是因为周朝衰落，无力维护秩序，才会导致某些邦国的叛逆。周朝的天下包括众多族群，曾经成功地“协和万邦”，建立了普遍和平秩序，但周朝宗主国与游牧族群的合作有一个弱点，北方游牧族群与周朝宗主国主要只是政治关系，而缺乏实质性的经济合作。游牧族群的生活方式决定了缺乏生活资料的积累，中原的物资始终是一种诱惑。假如中原能够与游牧族群建立公平稳定的贸易关系，抢劫的积极性就会大大降低，可是中原经济发达，物资丰富，对游牧族群并无所求，因此缺乏与游牧地区建立贸易制度的积极性，通常只是有限而不确定的交换。而且，周朝推崇朴实生活，反对看重远方的“奢侈品”，如《尚书》所载，周虽通于九夷八蛮，“四夷咸宾，无有远迩，毕献方物”，却反对玩物丧志，“不贵异物”“不宝远物”[1]，如此轻视远方物品，也就缺乏与游牧族群建立经济合作的积极性，当然就难以维系游牧族群的政治合作和忠诚。不过，游牧族群的反叛并非周朝衰落的根本原因，只是一个次要原因。

周朝的衰落很可能是由于无法兑现的高标准德治，可谓成也德治败也德治。德治虽好，可是周朝制度有其设计漏洞，以致德治难以长期持续。据许倬云及葛志毅研究：周朝的分封在西周中期就停止了，并非不愿意继续分封，而是再也没有土地可分了。[2]这是周朝始料未及的一个制度漏洞。且不说周朝控制的土地有限，即使控制了整个世界，土地也终究是有限的，分封迟早要停止，后世的王亲功臣没有机会得到“应得的”分封，激励消失了，也就很少有人愿意为天下公利去建功立业了，甚至滋生了不平之心；另一方面，按照周朝制度，封国是世袭的，除非有极其重大的错误，否则不能剥夺或改封，于是，诸侯们的最优策

1 《尚书·旅獒》。

2 许倬云：《西周史》，北京：生活·读书·新知三联书店，2001年版，311页；葛志毅：《周代分封制度研究》，哈尔滨：黑龙江人民出版社，2005年版，229页。

略就是守住基业而不为天下公利劳神费力。不犯错误比建功立业容易得多，经营家业的吸引力自然就大过天下公利，因此，那些既得利益者对天下公利也同样不再关心。

周朝天下体系的制度优势在于网络式的互相依存、互惠共轭的合作关系，但天下体系对于古代的经济和技术条件而言过于超前了，并不能充分发挥其制度优势。周朝虽然建立了可共享的网络秩序，事实上“可共享”的利益并不多，首先，不存在与之相配的网络式的经济流动，也很难提供惠及整个体系的公共产品。由于物质条件跟不上天下概念，周朝天下体系的政治功能就远远超过经济功能，可以说周朝的天下只是一个政治天下，尚未形成经济天下。周朝时期的经济主要是各地自给自足，尽管也有贸易通商，但各国在经济上并没有形成足够活跃的互相依赖，以礼仪为核心的政治符号的运用远远超过了经济合作的意义——由此可以理解孔子为什么认为礼乐制度才是周朝制度的核心。结果，诸侯以及士大夫豪族逐渐发现天下只是个理想概念，各国的现实利益显然超过天下的共同利益，于是，各国纷纷着力发展自己的力量，越来越强的诸侯们也逐渐不再需要宗主国提供的安全庇护。另一方面，周朝宗主国由于承担着天下公共秩序和公共安全的费用以及不断封赏的费用而导致自身资源日渐耗竭，当能够分给各地的利益用尽了，德治就退化为空话而失去了影响力。周朝宗主国的军事力量在中期就已经失去威慑力，退化到不足以击败一个强大的叛逆邦国，更无力维持天下的整体安全了。

由于抵抗不住游牧族群的袭击，周朝向东迁都而丧失了宗主国的大部分直辖地，经济能力和政治威望都大大受损，实力甚至不如一个大诸侯，再也无力管制诸侯了。诸侯在名义上仍然尊重周王，但一旦涉及实质利益就寸利不让了。春秋早期，郑国率先破坏天下秩序，兼并了一个小国，周王却无力管制，尽管按照周制度，封国只有土地使用权而没有所有权，任何兼并或转让都是违法的。进而，郑与周因争夺农作物而发生冲突，郑国军队射伤了周王，大败周师。这两个标志性的无礼行为宣告了游戏规则的变更，周朝宗主国的天下领导权退化成荣誉符号，尽管作为有名无实的权威又继续存在了数百年，但其政治影响力退化到甚至不如今天的联合国。周天子的意义只剩下充当政治正确性的借口，霸权国家都以代表天子维持天下秩序之名，而行入侵和兼并其他国家之实。名义上各国仍然属于天下体系，实际上天下的世界政治已经退化为霸主的国际政治。这个政治的演变故事可谓独特：政治开始于世界政治（周朝），然后退化为国际政治（春秋战国），最后演变为国家政治（秦朝至清朝）。

秦始皇建国是中国政治的一个分界线：告别天下体系和世界政治，开始了以国家作为绝对权力的国家政治。周朝宗主国权力衰落之后，春秋战国的各个霸权诸侯所思考的是如何结束乱世而重建天下体系，试图成为天下之新主。在吞并最后六个强国之前，没有证据表明秦国已有新政治的规划，尽管商鞅、韩非、李斯等都认为政治需要创新，反对“先王之法”，但新政治仍然不是一个清楚的概念。一直到兼并六国，如何统治成为一统的广域，新政治才成为一个新问题。

持续了800年的周朝天下体系已经成为一个广受尊重的传统。秦始皇吞并各国，改变了一个甚至比周朝古老得多的传统：除了秦国王族，其他所有贵族因为失去国家和领地而不再是贵族了，贵族传统的断绝从根本上改变了社会结构。天下的众多部族都是历史悠久的存在，大多数可以追溯到无考年代，部族的统治集团都是世代延续的贵族，贵族阶层一直是古代社会的组织基础，天下共主可以变换，但贵族永远都是部族的合法代表。经过春秋战国的数百年兼并，绝大多数的贵族不复存在，秦始皇打倒了最后一批贵族，秦国王族成了独此一家的贵族，贵族也就不再是一个社会系统了。秦吞并列国完全通过武力征服，征服者不需要与任何部族谈判协商，它拥有全权去建构统治。如何处理被征服的世界，与如何处理归顺的世界，是完全不同的问题。

天下体系虽已不在，但天下观念仍然存在。秦统治集团激烈争辩是否需要新政治，李斯力倡制度创新，反对重建天下体系。如《史记》所载："丞相绾等言：诸侯初破，燕、齐、荆地远，不为置王毋以填之。请立诸子，唯上幸许。始皇下其议于群臣，群臣皆以为便。廷尉李斯议曰：周文武所封子弟同姓甚众，然后属疏远，相攻击如仇雠，诸侯更相诛伐，周天子弗能禁止。今海内赖陛下神灵一统，皆为郡县，诸子功臣以公赋税重赏赐之，甚足易制。天下无异意，则安宁之术也。置诸侯不便。始皇曰：天下共苦战斗不休，以有侯王。赖宗庙，天下初定，又复立国，是树兵也，而求其宁息，岂不难哉！廷尉议是。"[1] 李斯对周朝

1 《史记·秦始皇本纪》。

制度的弱点分析虽是片面的，却是深刻的：周朝天下体系虽然具有理论的合理性，但在实践上却无法阻止各国关系逐步疏远，无法永远维持合作关系，问题出在分权制度导致宗主国的实力不足以管制诸侯作乱。

秦始皇建立了一个中央主权的郡县制国家。这就是天下体系的终结。

10 天下作为方法论

周朝的终结并不是制度的失败——制度设计的漏洞本来可以调整——而是理想领先于时代。周朝的天下体系实验留下了作为政治方法论的遗产，这是其意义所在。

天下概念创造了一个容量最大的政治分析框架，开拓了分析世界问题的政治尺度。无论是全球政治、国际政治还是国家政治，都可以在天下框架内统一分析。同时，天下把世界理解为政治主体，而不仅仅是一个物理存在，世界因此具有了属于世界自身的政治意义。这意味着，世界有着不能还原为国家利益的世界利益，世界问题只能从世界观点去理解，而不能以国家观点去理解世界。这个政治方法论来自两个经典表述：管仲的表述“以家为家，以乡为乡，以国为国，以天下为天下”[1]，以及老子的表述“以身观身，以家观家，以乡观乡，以邦观邦，以天下观天下”[2]。

天下概念还蕴涵着一种政治存在论，可称为“共在存在论”（ontology of coexistence），是建构政治秩序的存在论根据。如果不能为世界建构一种普遍共享的共在秩序（order of coexistence），就不可能克服对立、冲突和战争，更不可能建立人类的共同生活。只要世界是分裂和互相对抗的，任何一个社会就有着负面的外部性，这正是政治的失败，而政治的失败必定全方位地影响人类生活。可以说，政治不仅仅是个政治问题，同时也是决定人类生死存亡的存在论问题。在此可以意识到天下的“无外”先验概念的重要意义。“无外”概念把世界先验地理解为一个没有外部性而只有内部性的整体存在，先验地承认世界是所有人的公共利益和公共资源，先验地排除了不可兼容的异己概念，同时先验地承认世界的多样性及其协和关系，拒绝了单边普遍主义或文化帝国主义。这正是《礼记》的“礼不往教”原

1 《管子 · 牧民》。

2 老子：《道德经 · 第五十四章》。

则:“礼，闻取于人，不闻取人；礼，闻来学，不闻往教。”[1]

完成世界的内部化就是世界政治的先验使命。对于实现世界内部化，合作性的关系理性明显优于竞争性的个人理性。关系理性并不拒绝个人理性，这两者并非“单选的”（alternative）对立选项，而是理性的两面。关系理性优先考虑互相伤害的最小化，首先排除了来自他人的报复行为，然后进一步发展相互利益的最大化。如果关系理性的使用优先于个人理性的使用，以关系理性作为个人理性的约束条件，就能够以协和限制竞争，以冲突最小化去保证合作最大化，从而保证最大的共同利益或可分享利益。关系理性的目标是创造一种社会秩序，使得合作的利益大于竞争的利益，试图达到“孔子改善”（Confucian Improvement），即一种利益改善必然使所有当事人的利益同时获得改善。孔子改善等价于每个人同时获得帕累托改进，因而能够成为稳定可信的制度基础。

天下体系是世界内部化的体系（an internalized world-system），完全不同于帝国主义的支配性世界体系（a dominating world-system）。华勒斯坦对帝国主义的世界体系有

1 《礼记 · 曲礼上》。

个清楚的解释："世界体系的生命力由冲突的各种力量构成，这些冲突的力量由于压力的作用把世界体系结合在一起，而当每个集团不断地试图把它改造得有利于自己时，又使这个世界体系分裂了。"[1] 显然，在帝国主义的世界体系中起决定性作用的是列强的国家利益。与此不同，天下体系试图建构世界主权，以世界权力去创造有利于世界的共同利益，准确地说，天下体系的目标是世界的冲突最小化和合作最大化。

《六韬》中有一个关于天下观念的总结："文王问太公曰：何如而可为天下？太公曰：大盖天下，然后能容天下；信盖天下，然后能约天下；仁盖天下，然后能怀天下；恩盖天下，然后能保天下；权盖天下，然后能不失天下。……故利天下者，天下启之；害天下者，天下闭之；生天下者，天下德之；杀天下者，天下贼之；彻天下者，天下通之；穷天下者，天下仇之；安天下者，天下恃之；危天下者，天下灾之，天下者非一人之天下，唯有道者处之。"[2] 这番宣言式的论述虽然夸张，但大致表达了古人对天下政治的理想化想象。

1 华勒斯坦：《现代世界体系 · 卷 1》，北京：高等教育出版社，1998 年版，460 页。

2 《六韬 · 武韬 · 顺启》。这是伪托姜太公的言论，大概是战国时期的作品。

第二章

内含天下的中国

1 旋涡模式

叙述中国难于叙述天下。天下中有国，国中有家，这个体系层次分明，结构有序，而中国是一个内含天下结构的国家，以天下之意而行一国之实，那么，国家结构与天下结构如何得以结合？又如何形成？

在分析中国的生成与持续的动力结构之前，首先需要明确几个概念：周朝的天下体系衰于春秋而亡于秦，先秦属于前中国的天下时代。秦始皇开创行政一统的郡县制度[1]，使天下收缩为中国，自此天下故事转变为中国

1　曾经有些历史学家模仿西方的历史概念而把秦至清的制度称为“封建专制”，这是一种错位定性。周朝才是封建，秦以后为郡县。现在大多数人不再使用这个误导性的概念，转而以西方政治学的定位而把秦至清的制度称为“中央集权”“专制政体”之类。此类概念部分（下转 134 页）

故事，因此，自秦至清是为古代中国。

虽然秦制度终结了天下体系，但天下概念仍作为政治基因存在于中国实体里，使中国成为一个内含天下性之国家。尽管秦汉以来的中国不再经营世界，却试图把中国经营为一个天下的缩版。这两种政治各有其志：经营天下之最终目的是使整个世界实现内部化（internalization of the world），使世界成为一个再无任何外部性（externalities）的万民共享社会，使一切政治实体得以协和共在，所谓“协和万邦”[1]；经营中国之主要意图是让中国万世长存，不再操

（前接133页）接近真实，但不准确。秦以来的王朝制度虽以皇帝为最高权力，但部分保留了古时之“共治”传统。除了无视制度的暴君，皇帝通常不能独裁。秦汉建立了多层“商议政治”，内阁官员的御前会议通过辩论而决定国家事务，如有特别重大而难以决断的事情还需召开由中央机构众官参加的百官会议，最后方案由皇帝批准。历代制度各有差异，但基本原则一致。据余英时的研究，宋代的共治政治达到最佳状态。因此很难将中国王朝制度称为专制，而如果称为共治制度也是夸张，因为皇帝终究拥有最后否决权。由于在现代政治学里缺乏准确描述中国王朝制度的概念，这里将中国王朝制度称为“行政一统制度”，也是权宜之名，有待改进。主要的理由是，中国王朝的最主要政治状态是官民之分，是官僚集团与民间社会的关系，是皇帝所辖官僚集团的统治，故称“行政一统”。

1 天下体系期望达到“协和”（compatibility）的政治，所谓“协和万邦”，语出最古老的政治文集《尚书》。协和性意味着一种能够化敌为友而以兼容性去保证和平的政治。

心世界内部化，于是，外部世界变成了威胁和挑战。在周朝时，“荒服者不至”[1]被认为是周穆王错误所导致的失序问题[2]，秦汉之后，如果“荒服”族群不与中原王朝为敌，就是岁月静好、国之洪福了。随着天下“无外”问题的退场，国家“内外”成了焦点问题。经营中国的注意力便集中于建构长治久安的内部秩序，同时试图使中国成为一个能够经得起任何外部博弈的国家。天下无外的理想本是“以天下为一家，以中国为一人”[3]，随着周朝天下体系的终结，无外的理想便收缩为后半句，化为中国内部的多元兼容原则，而正是这个原则使内含天下结构的中国具有政治现实性。

性质注定了古代中国始终是一个未完成状态的概念，也是一个始终具有开放性的实体存在，就是说，中国存在于连续演变中，以“易”为其存在方式——“易”意味着表

1　好战的周穆王因为犬戎未能及时进贡而讨伐犬戎，虽然大胜，却破坏了周朝的协和政治传统，结果大失荒服各部之心，荒服各部不再朝贡。

2 《国语 · 周语上》。

3 《礼记 · 礼运》。

现为万变的不变之道，是变与不变的同体存在。因此，中国表现为一种生长方式，而其实体规模变化不定，时为秦之中土，时为唐元清之广域，或为十六国、南北朝、五代十国或宋辽金西夏之裂土。秦汉以来的中国作为裂土的时间甚至长过一统的时间，但大一统却始终是个政治神学信念。从历史形态上说，中国是一个分与合的动态过程，尽管分合不断循环，但合是其内在目的。大一统不仅是权力追求，也是和平生息的需要。根据《周易》的存在论原则，“生生”乃是存在之根本目的，有利于万物万民“生生”的政治状态就是合理的存在状态。信念虽然重要，但终究还需具有决定性作用的客观动力。仅有大一统的信念仍然不足以必然解释中国的连续性和凝聚性，必定还存在某种势不可当的客观动力，这正是需要分析的问题。

当代人的历史叙事难免暗含着当代思维的倒叙理解。虽然此时之当代性可以对彼时之当代性提出问题，却不能把此时之当代性倒置为彼时之当代性。假如把当代概念倒映并追认为古代事实，这种“逆向建构”会切断历史自身的筋脉，使一种历史变成了无线索的情节组合，失去自身连贯的历史性（historicity）。比如，来自西方历史线索的民族国家、民族主义、征服王朝、帝国主义等现代学术概念对于西方历史是自然连贯的，而用于解释中国历史则造成历史线索的断裂。尽管1911年之后的中国故事在很大程度上变成了西方主导的历史的一部分（或许当代中国在断裂后又以某种方式重新生长），但假如把古代中国故事按照西方线索去逆向建构，终归是以鹿代马。

中国的精神世界发生于巫术而成熟于历史意识，如陈梦家所描述，是一个“由巫而史”[1]之发展过程。据张光直所考，中国文明之初，拥有精神解释力的“巫”与政治首领“王”是合一的，这意味着精神权力对于政治权力的重要性，而当出现文字后，“史”具有了更强的精神解释力，于是史官与巫师曾经集于一身。[2]李泽厚认为由“巫”化出了“史”而终于形成以历史意识为主导的精神传统是中国文明之关键，他称之为“巫史传统”。[3]在历史取得了对

1　陈梦家:《商代的神话与巫术》，见《燕京学报》第20辑，1936年。

2　张光直:《美术、神话与祭祀》，北京：生活·读书·新知三联书店，2013年版，85页。

3　李泽厚:《由巫到礼·释礼归仁》，北京：生活·读书·新知三联书店，2015年版，13~21页。

存在的解释权以来，中国关于存在的反思形式就是历史性的，存在（being）被理解为变在（becoming）。与之对比，西方思想对存在的反思形式从希腊以来就是概念性的，存在必依永恒概念而在。中国的精神世界以历史为刻度，一切存在的意义都在历史性中展开，所谓“六经皆史”便是此意。

孔子理解的“春秋”必须表达大义，即存在之应在之道。各种叙事所理解之正统大义或有不同，每种关于正统的解释皆可用以支持一种叙事，但何为正统的论证却不能是一种自我叙事，否则就变成了自相关的无效论证。微言虽达大义，大义却难自证。司马迁的“通变”意识似乎更接近历史变化本身，更接近存在之变在之道。在此，我不准备征引任何一种叙事之正统观念，而只限于分析中国是通过什么样的集体行动而被塑造的，就是说，不以历史叙述者的价值观点去理解中国是什么样的，而从历史行动者的博弈选择去理解中国如何是这样的。于是，中国的生成过程可以被理解为一个长期的博弈游戏，对其中变迁，各家自有不同的价值看法，但形成中国的关键在于行动者的理性做法，正是行动者的做法定义了一个博弈游戏的问题、目的和性质。与历史行动者的视野相关，有两个问题是这里的关注焦点：（1）中国是个连续存在，那么，什么是形成中国连续性的动力结构？（2）对生存最有利的优势基因就会被不断重复，那么，什么是中国在历史中被不断重复的生存基因？

由于历史机缘不同，早期中国政治始于世界政治，即以天下体系为政治框架而建国建家；西方政治却始于城邦国家。这两种政治基因相异而或可互补，却不是能够合并的同类项。秦汉以来中国转为国家政治，却不能等同于西方的国家概念，因为中国既不是城邦，也不是民族国家，甚至不是西方政治概念的帝国——尽管古代中国与帝国有某些外在相似处（比如没有法定边界），其实貌合而神异。貌似"帝国"的古代中国缺乏帝国主义性质，虽然并非从不扩张，但扩张不作为中国之立国意图，也不是国家行为的动力。也许可以将中国勉强称为"大国"（leading power[1]），但这种说法没有表达出国家的政治性质。另有一

1　在先前发表的文章中，我使用的是great power。吕祥先生建议使用leading power，因为great power在当下的政治用法中已经具有某种程度的贬义，有强权之暗示。特此更正。

种看法认为中国是有别于民族国家的“文明国家”[1]，时下在西方和中国都颇为流行。中国肯定不是民族国家，但把中国定位为“文明国家”，却也有令人迷惑之处。如果文明可以定义中国，为什么文明不能定义别的国家？难道别的文明缺乏特点以致不能定义身份？同为多民族多文化的俄罗斯、印度、美国应该如何理解？另外，以民族定义国家有其明确的政治性质，而以文明定义国家却难以表达同等明确的政治性质。国家是个政治存在，对国家的定义终究需要表达其政治性质。如果仅仅从人类学性质去理解中国，那么王铭铭的“文明体”概念也比文明国家更恰当[2]。

使中国区别于民族国家的性质必是中国的政治概念

1　列文森、白鲁恂等西方汉学家以中国为文明国家。更早的分析或源于葛兰言，葛兰言没有直接使用“文明国家”一词，但其名著《中国文明》（1929 年）把中国社会看作一种文明去分析。现代儒家也有类似理解，钱穆认为中国的“民族与国家都只是为文化而存在”（《中国文化史导论》，北京：商务印书馆，1994 年版，23 页，第 1 版为 1948 年）；梁漱溟则认为“中国遂以社会而代国家”（《中国现代学术经典 · 梁漱溟卷》，石家庄：河北教育出版社，1996 年版，520 页，第 1 版为 1949 年）。梁漱溟引用友人来信说：1920 年罗素来华访问，在上海讲演时指出：“中国实为一文化体而非国家”（同上书，255 页）。由此来看，最早提出中国是文明国家或是罗素。

2　王铭铭：《中国：民族体还是文明体？》，见《文化纵横》2008 年第 12 期。

或原则，即作为中国政治起始基因的天下概念及其“无外”和“协和”原则。在这个意义上，中国是天下的缩版（microcosm），是个以天下为内在结构的国家（a world-pattern state）。或者，如果以民族国家作为对应概念，则中国似可称为“万民国家”（inclusive state）。以上概念只适用于古代中国。至于现代中国，也有双重性质：传统中国性质加上现代国家性质。现代中国在古代中国的基因上引入现代国家的性质而成为一个现代主权国家，却仍然不是民族国家。关于现代中国性质的争议基于对现代国家概念的一个狭隘理解，即现代国家必是民族国家。实际情况是，现代主权国家至少有两个基本类型：民族国家（例如欧洲各国）和合众国（例如美国、中国、俄罗斯、印度）。合众国同样具有法定边界和法定主权等等现代国家性质，只是以多民族多文化而区别于民族国家。就目前趋势来看，越来越多的民族国家正在慢慢演变成合众国，欧洲多国之阿拉伯人、非洲人、东欧人和东亚人的人口增长迅速，已很难说是原本意义的民族国家了。因此，合众国有可能将会发展为现代国家的主要类型。

因为中国政治中一直内含天下基因，即使天下已收缩为中国，古代中国也缺乏民族国家和民族主义的诉求。中国直到清末遇到西方现代民族国家的挑战，才对民族国家和民族主义产生思齐之意，梁启超大概最早提倡学习西方的民族主义和民族国家以便转型为现代国家[1]。古代中国没有主权概念，只有政权；没有法定边界，所谓领土，只是实力变化的函数。古代战争也不是民族战争，而是政权之间的战争。与宋作战的辽军统帅韩德让是汉人，灭宋的元军统帅张弘范也是汉人。如果按照现代民族主义概念，他们会被追认为汉奸，但在历史语境里，他们是出生并生活在北朝的居民，而北朝也是中国，正如宋是南朝之中国。只是张弘范相信天命在元，而文天祥相信正统在宋。

如与民族冲动无关，那么古代中国的分合动力是什么？这种历史动力是如何形成的？中国是“万民”（现代的说法是“多民族”）汇集之地，中国历史也是万民合力之作，是一个多线索交织而成的故事。每一种具有连续历史性的历史都会有某类事件或问题不断重复出现，那么，什

1　梁启超在1901年提倡民族主义（《国家思想变迁异同论》，见《饮冰室合集 · 第1册 · 文集6》）；在1902年提倡民族国家（《论民族竞争之大势》，见《饮冰室合集 · 第2册 · 文集10》），但后来又转向国家主义。

么原因或理由使得相似的事情不断发生？最简便的解释是将其归结为“传统”。中国连续不断的存在就经常被归功于中国文化传统，进而又通常被归结为儒家传统，儒家传统又被认为具有显著的道德性。这个文化神话实有若干疑点：首先，以什么历史事实来证明中国人在道德上更为高尚？这是个问题。我们恐怕不能忽视实际行为与道德教义之间的差距[1]，因此需要意识到，实际上构成历史的行为另有更强的理由和动力；其次，儒家观念只是在宋以后具有最高权威地位，而那时中国的存在模式早已形成，这意味着中国概念另有成形的道理。儒家肯定是中国最重要的传统，但中国传统之多样性也是显然事实；更进一步的问题是，即使传统对历史具有足够大的解释力，传统也还不是落实到底的解释，我们仍然需要追问，为什么会形成如此这般的传统？这种传统的吸引力到底在哪里？一种传统为什么有其传播限度或文化边界？

历史事件只是故事，故事背后总有其历史内在动力结

1　民谚比教义更准确地反映真实的社会情况。李庆善在《中国人新论：从民谚看民心》（北京：中国社会科学出版社，1996年版）里以大量互相矛盾的传统民谚说明了行为理由的两面性：一方面提倡正直无私，另一方面建议圆滑求利，如此等等。

构。什么是使得某种事情不断重复发生的动力？这是需要解释的问题。历史事件无疑具有创造性而千变万化，而历史性却隐藏在千变万化故事中不断重复的动力结构里，这种内在动力结构定义了一种历史是什么样的博弈游戏，并且不断诱发前仆后继的行为。由于历史性并不直接体现在历史的故事性之中，而是隐藏在历史故事性之中的反故事性，是贯穿在不可重复的事件中的重复性，因此，历史性具有形而上的意义而能够解释一种存在之所以存在。当一种存在的时间性具有了自觉的动力结构就形成了历史性，历史就占有了时间。理解历史性的方式各有不同，或为超验神学，或为自然神学：如果历史被理解为有其终极目标，历史性就是一种使命；如果历史被理解为无限展开过程，历史性就是一种存在寻求自身永在的生长方式。后者正是中国历史之取向，即生生而日新之意。

存在的直接动力是寻找生存资源，这是自然状态；当存在试图谋求稳定可信的继续存在，或者说，当一种存在谋求占有未来，就必须寻找政治资源，于是就进入了政治状态。或可以说，追求存在一开始只是经济问题，但追求不被他人劫走的未来，就变成了政治问题。维持生存的单纯经济活动只是人与自然的关系，属于自然过程而尚未构成历史。一旦利益关系产生出权力问题，就进入了人与人的博弈游戏，所以历史总是从政治开始。权力意味着建立秩序，把可资利用的资源（available resources）变成所支配资源（controlled resources），以此使继续存在变成可信的预期。在这个意义上，政治就是试图以秩序去占有未来。当一种秩序试图规定未来必须如此发生，秩序就是在创造历史。由此可以理解沃格林所谓“历史的秩序来自秩序的历史”[1]。

如果一种历史秩序成为众所追求的政治资源，就会形成一个共同参与的博弈游戏，并且由此展开为一种共同的历史。对于中国，是什么样的历史秩序、什么样的博弈游戏，使中国历史成为万民的共同历史？当一种历史秩序或一种博弈游戏成为万民之共同兴趣，它就成为一个“聚点”（focal point）。这是借用谢林（Thomas C. Schelling）的一个博弈论概念，“聚点”指的是人们未经事先商量却

1　埃里克·沃格林，霍伟岸、叶颖译:《秩序与历史·卷一·以色列与启示》，南京：译林出版社，2010 年版，19 页。

不约而同的选择。[1]在这里，聚点可用于解释共同历史的形成。

曾经有一个实为假定的共识（难以考证这个看法的起源）：中国是中原文化不断向周围“扩展”或“辐射”而形成的。张光直认为中原向外扩展的看法是个错觉，事实应该是各地文明的“相互交流”，而形成这个错觉的一个原因是，考古的兴趣一度集中在中原，“支持了中原核心地位的错觉”[2]。鉴于新石器时期的中国存在着水平相当的多处文明及其互动，张光直的看法对于夏商周以前的早期中国可能是更准确的，但夏商周以来的中原事实上变成了中国之核心，如何理解这个核心的性质以及核心与周围的关系才是根本问题，或者说，如何解释中国成为一个包含了中原和“各地”的整体存在才是根本问题。中国的形成过程中的确存在着文化的互相交流和中心扩展的情况，但这两种现象仍然不足以构成必然解释：互相交流模式不能必然地解释中国整体性的形成，因为文化间的互相交流并不必然导致

1 托马斯·谢林，赵华等译:《冲突的战略》，北京：华夏出版社，2011年版，48~51页。

2 张光直:《古代中国考古学》，北京：生活·读书·新知三联书店，2013年版，434页。

合一，还有各取所需而维持独立性的可能；中心向外扩展辐射模式也不能必然地解释中国整体性的形成，因为周围族群不断涌入中原也是一个不容忽视的历史事实，而更重要的是，扩展未必能够保证合一，有可能被抵制，甚至有可能竞争失败。在理论上说，能够确保形成大规模的政治与文化存在的根本原因是吸引力，也就是孔子所谓“近者悦，远者来”[1]的原则。这正是我选择“聚点模式”来解释中国的理由，即必定存在某种吸引力导致中国成为一个共同选择。

中国历史自有诸多需要研究的聚点，我们在这里要分析的是贯穿中国古代历史的一个政治博弈聚点，即以中原为核心的“天下逐鹿”博弈游戏，其动力结构是一个有着强大向心力的旋涡模式，众多相关者抵抗不住旋涡的诱惑而前仆后继地“主动”加入游戏成为竞争者，也有许多相关者被动地卷入到游戏中，博弈旋涡逐步扩大，终于达到稳定而形成了一个广域的中国。

在地理上，从漠北到江南、从东海到西域之间的广大地面形成一个无分割的逐鹿空间，这个广域的核心地区，

1 《论语 · 子路》。

通常称为中原，是早期中国的发达地区（与地理条件、气候条件、交通条件都有关系），不仅是最早的经济中心和政治中心，也是文化中心，它意味着逐鹿游戏所能达到的权力极限而成为天下逐鹿的必争之地。“逐鹿中原”这个成语如此生动地概括了中国历史的博弈游戏，因此赵辉认为这个成语有效反映了以中原为核心的中国历史主流发展趋势[1]。假定所有具备实力的竞争者都对逐鹿中原感兴趣，需要进一步解释的问题就是：为什么逐鹿中原的游戏会形成“旋涡”模式，以至于欲罢不能地形成了中国历史的连续性？为什么逐鹿中原会形成追求大一统的向心力，而不是多方满足于各自割据的均衡？说到底，中原有什么不可替代而非争不可的特殊资源？

张光直相信，中国的“文明动力是政治与财富的结合”[2]。政治追逐财富是常理，但这里的问题是，作为古中原的黄河中段流域在物质文明上虽有相对的综合优势，却并无压倒优势，也并非每种技术都是最优。考古证据表明，

1 赵辉：《以中原为中心的历史趋势的形成》，见《文物》2000年第1期。

2 张光直：《考古学专题六讲》，北京：生活 · 读书 · 新知三联书店，2013年版，156页。

北自内蒙古和辽宁一带、南至长江流域的早期中国，相当密集地分布着众多的文明产地，资源条件各有所长，技术能力大致接近，生活水平相差不远，却为何不满足于各安其所，而要逐鹿中原呢？即使中原的物质财富略有相对优势，也尚不足以解释中原必然成为众望所归的逐鹿之地，尤其难以解释为什么中原是个值得不断前仆后继的逐鹿之地。什么才真正是中原的决定性优势？这还需要进一步追问。物质财富和交通枢纽无疑都是重要因素，但似乎仍然不是最具决定性的因素。或许我们应该在物质条件之外去分析其他的诱惑。与消耗性的物质世界不同，精神世界是增值性的，精神世界越被使用就会凝聚更多的附加值和魔力，就越能够吸引更多的心灵。因此有理由相信，中原的特殊地位必定在于中原拥有一个具有最大附加值因而特别值得争夺的精神世界，一个人人都可以加以利用去获得并保有权力的精神世界。

中原精神世界之所以具有号召力和普遍可分享性，至少在于以下几个决定性的因素：(1) 汉字。这是早期中原形成的书写文字，在当时是中国地区能够记录和储存大量信息的大数据系统，是能够承载复杂思想和丰富叙事的书面载体，因此，以汉字为载体的精神世界是早期中国最具大规模传播能力的信息和知识。[1]（2）思想系统。中原文化是当时具有最大容量的解释能力和反思能力的思想系统，具有反思人类行为和解释万物的世界观和历史观，集中表达在《周易》《尚书》《周礼》《诗经》《春秋》等早期文献里。这意味着中原的思想系统具备了组织空间和占有时间的能力，既占有历史性，又占有公共性，也就具备了组织大规模社会的能力和创造制度的能力，同时具有对历史、社会、制度和权力的正当性的自我解释能力，因此成为当时中国最具优势的精神资源。（3）周朝创制的天下观念也是一个决定性的因素。天下概念的“无外”原则意味着最大限度的兼容性，不拒绝任何人的参与，也就预先承诺了一个任何人都可参加的博弈模式，也因此成为对所有人具有同等吸引力并且可加以同等利用的政治资源。与此相配合，周朝的天命观念以有德为得天下之理由，这等于论证了革命的

1　据有待确证的说法，在早期中国，除了汉字，还存在古彝文，但情况不详。据说古彝文是西南族群的古文字，与今天的彝族文字存在一定相关性。今天所存的彝文作品主要为明清文献，内容多与巫术占卜有关，似乎意味着有更早的来源。但古彝文产生于何时，是否足够成熟，何时成熟，是否足以表达复杂抽象的思想，等等问题还有待专家研究。

合法性，逐鹿也就师出有名。天下观是一个化特殊性为普遍性的有效例子：天下概念虽是周朝的特殊发明，但天下概念的内容却具有其普遍意义，因此能够被普遍接受而成为一个政治神学资源[1]。（4）政治神学的雪球效应。逐鹿的胜利者们为了保有对优势资源的合法利用和稳定占用，几乎都选择了周朝创作的天命传承故事，把自己的王朝加入到悠久的政治传承叙事中去成为这个长篇故事之一章节，以此解释其政治合法性。于是，不断丰富的历史本身变成了一个政治神话，几乎无人会拒绝利用这种现成的优势资源。

或许还有更多因素，但这几个决定性的因素已经足以形成逐鹿中原的旋涡模式。旋涡效应在于它的持续向心力，历史表明，最初一些政治势力为了夺取优势资源而主动卷入逐鹿中原的博弈，从而制造了旋涡，而随着更多政治势力的卷入，这个旋涡的体量不断扩大，优势资源和政治意义不断累积，因此进一步增强了旋涡的向心力效应。正是天下逐鹿游戏持续不断的旋涡效应创造了中国，而这个旋

1　基督教也是一个化特殊为普遍的成功例子。耶稣受难和复活是特殊故事，却宣布了一个对所有人开放的普遍信仰。

涡游戏的开放性——归功于天下观念——决定了中国是一个不断生长的概念。

2 天下的缩版

考古学通常把新石器时期看作是文明形成期。相对于中东两河流域和埃及文明，中国文明的形成或许不算早[1]，但目前出土文物的技术风格显示中国文明应为独立发生。新石器中期，中原地区已开始农业生产，但仍属于农耕、游牧和渔猎混合经济，手工技术已能够制作陶器和玉器，有了原始饲养业。[2]新石器晚期出现丝织品和青铜器，特别是出现了大规模聚居地，有了城。山西南部临汾盆地的陶寺遗址有个面积达 280 万平方米的大城，[3]如此规模的大城被

1 欧美流行的看法认为苏美尔文明远早于中国文明和印度文明，但并非没有质疑之见。近数十年的考古发现，大概与苏美尔文明同时的中国也有文明迹象，包括初始农业和粗糙陶器等，但似乎不如苏美尔文明发达，有待进一步的考古。这里仍从流行之说。

2 中国社会科学院考古研究所:《中国考古学 · 新石器时代卷》，北京：中国社会科学出版社，2010 年版，198~202 页。

3 中国社会科学院考古研究所:《中国考古学 · 新石器时代卷》，北京：中国社会科学出版社，2010 年版，568 页。

认为或许是个王城（此时尚早于夏朝，或许属于传说的某个圣王），其中还出土了疑似初始文字的符号。[1]据张光直的研究，新石器末期的中原已具有“中国”文化基本特征，他相信当时已经出现的小米、水稻、高粱的种植，猪狗牛羊马的豢养，夯土建筑，还有蚕丝与麻、陶器、木雕和铜器、饕餮纹饰、甲骨占卜和象形文字，这些特征大概定义了以黄河流域为核心的早期中国文化。[2]另外，仰韶、大溪和红山出土文物说明，从蒙古、中原到长江流域都有龙的形象（蒙古红山的玉龙或许是目前发现的最早的龙形象，但据许宏的考证，二里头出土的绿松石龙形器才是真正具有明显细节的“中国龙”[3]），这意味着如此广域已有了大跨度的文化共通性。[4]张光直推测，自公元前4000年左右，华北华南等地的文化“已经互相连锁成为一个更大的文

1　中国社会科学院考古研究所:《中国考古学 · 新石器时代卷》，北京：中国社会科学出版社，2010年版，786~795页。

2　张光直:《中国考古学论文集》，北京：生活 · 读书 · 新知三联书店，1999年版，54~55页。

3　许宏:《最早的中国》，北京：科学出版社，2009年版，152页。

4　张光直:《中国考古学论文集》，北京：生活 · 读书 · 新知三联书店，1999年版，36页。

化相互作用圈（sphere of interaction）”[1]。

按照传说，公元前2000年左右开始了中国的王朝时代，但第一个王朝夏朝长期缺乏实证。1960年开始发掘的二里头遗址被认为或说明了夏文化的存在（碳十四测定为公元前1900至公元前1500年，正是传说的夏朝时期），[2]但也有考古学家认为属于早商或夏商之际，目前尚无定论。夏文化的存在是否能够证明夏王朝的存在，也仍然有待更多证据。[3]二里头遗址位于洛阳平原，自古被认为是天下中心，包括夏商周三代在内的中国半数王朝都建都于此。在二里头文化之前，洛阳及其周边地区是新石器时期的中原核心文化区，是仰韶和龙山文化所在地，从中可见文化之连续性。在许宏看来，二里头遗址应该就是中国的原型，

1 张光直:《中国考古学论文集》，北京：生活·读书·新知三联书店，1999年版，158~159页。

2 中国社会科学院考古研究所:《中国考古学·夏商卷》，北京：中国社会科学出版社，2011年版，81页。

3 张光直认为二里头文化看起来应该是夏文化，但之所以不能最终确定是夏文化还是商文化，是因为“至今未发现二里头文化的文字资料”（张光直:《古代中国考古学》，北京：生活·读书·新知三联书店，2013年版，376~377页）。可问题是，就目前的证据而言，二里头时期应该尚未形成文字，恐怕不可能找到“文字材料”。

是最早的“中国”。[1]一个重要证据是，二里头遗址核心区有个规模巨大疑似王宫的基址，面积达10万平方米，主宫殿面积达1万平方米，其建筑布局一眼可见与紫禁城的概念相似性，[2]尽管比紫禁城要简单得多。1963年陕西出土一件称为“何尊”的青铜器上有周成王建造东都的诰命铭文，其中有“余其宅兹中国”之语，这是最早见于文字的“中

1　许宏:《何以中国》，北京：生活·读书·新知三联书店，2014年版，145~148页。关于“最早的中国”，考古学家们的共识是：中国的形成是个长期的过程。但在选择最具代表性意义的最早中国标志上，考古学家们则各有各的选择。例如，苏秉琦似乎倾向于相信陶寺文化“奠定了华夏族群的根基”(《中国文明起源新探》，北京：人民出版社，2013年版，120页)，那时大致相当于古人传说中的尧舜时代；又如，韩建业相信庙底沟文化大概是最早的中国(《早期中国：中国文化圈的形成和发展》，上海：上海古籍出版社，2015年版，268页)，那时大致相当于古人传说中的黄帝时代。我在这里采用的是许宏的选择，即二里头文化为最早的中国，时间上大致处于夏末商初。这些说法各有道理。黄帝或尧舜都是古代传说中形成中国的关键人物和时代，但考古材料比较有限，而且尚不足以证明那时的中国大地已经形成了足够明显的核心。或可认为，黄帝和尧舜在中国文化中的心理意义大于实证。虽然很可能是真实历史的传说，但其文明程度未必达到具有核心力量，其传说中的核心地位恐怕是后世中原核心文明的历史追认。相比之下，二里头遗址的文明程度更具说明力，而且也具有更多能够表达中国文化基因的象征性建构。因此，我采用许宏的选择。

2　许宏:《何以中国》，北京：生活·读书·新知三联书店，2014年版，117~119页。

国”。何尊上的中国所指就是二里头遗址所在的洛阳盆地。[1]

二里头遗址文物的丰富性说明二里头政权（是否为夏朝末期政府或为商朝早期政府，还有待证实）已经控制了大量资源和技术，拥有农业、畜牧业和渔猎的混合经济，玉石、陶器、漆器、青铜器、丝织品、酒器等等礼器或生活用品，甚至已经有了双轮车。遗址中发现的许多海贝或意味着中原与远处沿海已有往来[2]（二里头遗址与最近海岸之间直线距离约600公里），但据许宏的报告，二里头出土的海贝属于热带海域所产的子安贝（俗称宝贝），因此不可能来自相对邻近的黄海和东海，而“如果说海贝自中国南海向北传播，那么在跨越东南各地时竟没有留下任何考古学迹象，这是不符合逻辑的”[3]。看来，二里头的海贝或可能来自极其遥远的印度洋，经过欧亚大草原而由北方游牧部族带来，因此贵重如宝。二里头文化中最具意义也是最有争议的是：刻在陶器上的符号是不是初始文字？那些符号

---

1 刘庆柱主编:《中国考古发现与研究（1949~2009）》，北京：人民出版社，2010年版，196页。

2 中国社会科学院考古研究所:《中国考古学·夏商卷》，北京：中国社会科学出版社，2011年版，107~123页。

3 许宏:《最早的中国》，北京：科学出版社，2009年版，205~207页。

看上去很像文字，但无法解读。新石器的符号可能是后来文字的部分来源，根据其结构之相似性，许宏相信二里头的符号刻划与后来的甲骨文以及金文皆有渊源关系，但是否拥有足够成熟的文字系统还有待“成篇文书”的发现[1]；张光直则认为那些“零星出现的”符号大概尚未形成文字系统[2]。晚于二里头文化数百年的殷商文化确定有了成熟的文字系统，有甲骨文为证，也有古书记载：“惟殷先人有册有典”，[3]说明殷商文字已经成熟到足以清楚记录制度规则和描述事件。文字的成熟需要足够长时间的过程，因此考古学家推测“不能设想夏王朝却还未曾使用文字”[4]。早时陈梦家推断，汉字之兴起“约当去今三千五百年，最早不得过于四千年以上”，应属于“商民族特有的文化。”[5]此说大致不差，或需略加修正。

1　许宏：《最早的中国》，北京：科学出版社，2009年版，146~147页。

2　张光直：《古代中国考古学》，北京：生活 · 读书 · 新知三联书店，2013年版，346页。

3　《尚书 · 多士》。

4　中国社会科学院考古研究所：《中国考古学 · 夏商卷》，北京：中国社会科学出版社，2011年版，125页。

5　陈梦家：《中国文字学》，北京：中华书局，2011年版，11页。

可以说，二里头文化已包含了中原文化的最基本基因。虽难以罗列早期中原文化的基因图谱，但可选择几个基因作为示例。二里头的王宫初步表现了延续数千年的“中轴线”概念，如许宏所言，是中国最早的“紫禁城”[1]。作为一个神学性质的隐喻，中轴线概念贯穿在中国的大多数空间布局中，从房屋、庭院、宫殿到城市，甚至推广到对国家乃至天下的理解。具有中轴线对称格局的房屋既是家，也是国之微观模型，进一步也是天下之极小模型。另外，二里头的建筑结构也初步具备中国数千年传统建筑的基本样式。据梁思成的概括，中国的梁柱式建筑具有特异的外部轮廓，上有“翼展之屋顶”，下有“崇厚阶基之衬托”。[2] 如此建筑格式也具有形而上学的隐喻性质：四周伸展的屋盖象征着天，厚实的基座象征着地，而人居于天地之间，寓意“天地人”的关系结构。对于人，天地本是最大的房屋，而房屋乃最小之天地，尽收天地之意于所居，

---

1 许宏认为，虽然二里头宫城的面积只有紫禁城的七分之一，但其形制表明二里头宫城是后世中国宫城的鼻祖。《最早的中国》，北京：科学出版社，2009 年版，80~84 页。

2 梁思成：《中国建筑史》，天津：百花文艺出版社，1998 年版，15 页。

正应“配天”原则（语出《中庸》）。[1]

中原文化没有超越性的宗教，却对自然有着神学理解。自然是万物之道的最终标准，而自然之道以自身为准，即老子所谓“道法自然”。能以自身为准，正是神圣存在的本质指标，因此可以说，自然便是中国的一个神学概念。与自然一致（所谓配天）就是衡量人的世界的神学标准。把天地复制为家，便是象征性的配天之意，也是敬天之礼。可以推想，中国的“家”不仅是个家庭概念，同时也是一个自然神学概念。天地无穷伸延并且兼容万物，以天地为准之家同构地复制了天地的无穷兼容性，天地也被复制为不同规模而同构的家园：家庭是最小规模的家，国家是较大规模的家，天下是所有人的家。这种以天地为本的同构复制也同时复制了天地的神学性质，因此，“天下—国—家—国—天下”的双向循环复制，进一步构成了中国概念

1 最早见于《尚书·君奭》：“殷礼陟配天。”对配天概念的最早解释见于《礼记·中庸》：“唯天下至圣，为能聪明睿知，足以有临也；宽裕温柔，足以有容也；发强刚毅，足以有执也；齐庄中正，足以有敬也；文理密察，足以有别也。溥博渊泉，而时出之。溥博如天，渊泉如渊。见而民莫不敬；言而民莫不信；行而民莫不说。是以声名洋溢乎中国，施及蛮貊。舟车所至，人力所通，天之所覆，地之所载，日月所照，霜露所队：凡有血气者莫不尊亲，故曰配天。”又曰：“博厚配地，高明配天，悠久无疆。”

的神性，使其具有政治神学的意义。

宗教感或神学性是人类几乎没有例外的自然情感。宗教感来自某种免于质疑的神性信念，往往是一种文化的稳定性之所在，因此很难想象一种稳定连续的文化没有宗教感——虽不一定表现为有组织有教规之宗教。最容易理解的神性是超越性，因此，多数宗教都假定了一个超越性的至上存在。令人疑惑的是，连续稳定的中国本土文化竟没有原生一个超越性的宗教，学者们一直试图解释这个费解的事实，如“道德代替宗教”（梁漱溟）或“美育代替宗教”（蔡元培）的说法。道德与诗文在中国文化中确实被安置在高位，但仍然并不具有至上神性。与自然之道不同，道德与诗文无法以自身为绝对标准，也就不是终极标准，因此缺乏神性，也因此缺乏一致的判断标准（伦理和审美标准乃争议之地），也就不可能真正代替宗教。对于古代中国人，真正具有神性的概念首推“自然之道”，其次是最接近自然之道的“天下”，接下来应该是象征性复制了天地秩序因而复制了天地神性的“中国”。如果说古代中国的道德信念被赋予神性表现，也是因为人道被认为符合天道：自然是神性所在，道德只是自然神性的转现；同样，诗词也为自然之道之印证，其所赞美的日月、河山或草木也意不在风景之美学效果，而在于自然神性，或者在于带有自然神性负荷的生命、家国、故土。

中国概念的神学性质或可解释“中的国”（middle kingdom）概念引来质疑之深层原因。假如中国的概念仅仅意味着地理意义上的世界中心位置，那么就只是世界各地常见的主观感觉，不值得当真拒斥。正因为中国概念具有神学意义，所以它对于一神教才是一个值得严肃对待的异教概念。儒家以为道德观念是中国文化区别于其他文化之根本，但其实儒家道德并不被识别为特殊伦理观。这正是明末利玛窦的中国经验，他发现儒家道德与基督教道德可谓大同小异，因此相信中国是传播基督教之大好之地。传教士在中国遭遇的传教困难与伦理差异基本无关，而是因为思维方式的严重差异。当时中国的基督教“信徒们”同时继续信仰儒家、佛家、道家、祖先以及财神等神灵，传教士难以接受此种“不诚”。事实上各处的生活基本问题相类，道德也相差不远。因此，伦理道德恐怕难以说明中国的本质特殊性。

中国概念的神学化自有其线索。按照古代中国的想象，天下之中是中国。这个想象或许起源于地理感觉，如上所述，最早的“中国”在洛阳平原，稍后扩大为从西安、晋南到洛阳一带，也就是后来被称为“中原”的地方。这个位置四通八达，具有地理中心的作用。尽管中国概念已经借助关于天地空间格局的想象表达了自然神性，但在夏商时应该尚未成为一个政治神学概念。周朝建立了“世界性”的天下体系，天下体系中有千邦，中国居中而为宗主国，而天下体系每个层次都是同构的。当天下收敛为中国，中国继承了天下的基因而成为内含世界结构的国家，这种天下性质的负荷使中国从一个复制了天地秩序的自然神学概念同时成为一个复制了天下秩序的政治神学概念。

中国的空间演化同时也是空间概念的演化。国之本义是都城，字形示意着武器守卫着城墙所围之地。一国所辖地面不仅有都城，还有“郊”和“野”。都城近旁之周边地区为郊，包括诸多小城和“乡”，是有政治权利和义务的国人居住地；野乃是郊之外的大片农业地区，是没有政治权利的庶人或野人居住地。[1]中国是宗主国的首都，也

1 杨宽:《中国古代都城制度史》，上海：上海人民出版社，2006年版，25~36页。

就是王朝首都。周成王宣告建新都城:“余其宅兹中国(把家安在中国)。”这个“中国”就在洛阳。随后中国的概念由宗主国的首都扩大为整个宗主国(王畿),继而大概在春秋时期,中国已可用于指称中原地区,周朝体系里有着宗亲关系和礼乐文化的众多诸侯国都在中国之中,包括今日黄河流域的河南、陕西、山西、山东、河北,以区别于南方和漠北的蛮夷文化地区。这意味着中国在地理意义之外又附加了文化意义。当长江流域的蛮夷诸侯(荆、楚、吴、越等国)的文化与中原变得更相似,且有实力卷入中原争霸,中国概念就进一步扩大到长江流域。随着更多地区卷入到逐鹿中原的博弈游戏中,中国的概念也随之不断扩大,曾经扩大到比今天的中国大得多的地域。极致广域是元朝之地,西越葱岭,东临日本海,北纳西伯利亚,南至南海;其次的广域,也是长期稳定的疆域,是清朝之地,同样西越葱岭,东临日本海,南至南海,北有蒙古和小部分西伯利亚。中国概念取决于天下逐鹿的旋涡效应,也就是说,中国的规模取决于逐鹿游戏卷入多少参与者,同时,逐鹿的旋涡效应也使中国拥有多样综合的文化。

中国综合文化的形成方式，称之为“化”。化是变易，不是一方之改变而总是互化。因此，化区别于宗教的皈依（converting），而是多种文化对存在秩序的合力重构。也许最接近“化”的变易形式是基因变异或基因重组。在这个意义上也许可以说，善于化的中国概念具有某种“生物性”，或者借用塔勒布的概念，具有拒绝固守原状而善于变异的“反脆弱性”（antifragile）[1]。中国的善化能力与天下之信念有关。唯有天下原则能给予互化以合理合法的解释，这正是天下基因在中国概念里的功效之一。

在多族群多文化的互化过程中，中原文化一直是互化的主要资源。尽管进入中原的游牧族群通常部分保持着原有的文化（北魏孝文帝的全盘汉化运动是个例外），但由于缺乏中原拥有的高度成熟的知识生产系统（大量而全面的文献图书、教育系统和学术系统），于是几乎都理性地接受了中原业已高度发达的现成文化资源，进而也同样成为中原文化的拥有者和推进者。科举制被认为是中国文化的一

1 Nassim Nicholas Taleb: *Antifragile: Things that gain from disorder.* Random House, NK, 2012, p. 3.（纳西姆 · 尼古拉斯 · 塔勒布：《反脆弱》，中译本 2014 年由中信出版社出版。——编者注）

大发明，便为鲜卑血统的隋文帝一朝所创。入主中原的游牧王朝推进儒学的积极性不亚于汉人王朝，游牧王朝给予孔子的封号便至少与汉人王朝的封号平级，其中，汉朝追封孔子为公爵，唐朝追封为王，明朝追封为先师（精神领袖），而西夏（藏族）追封孔子为皇帝（最高封号），元朝（蒙古）追封为王，清朝（满族）追封为先师。另一个意味深长的事例是，元朝首次把程朱理学定为科举考试的标准答案，而宋朝自身却未曾给予程朱理学如此地位。[1] 文化原产地并不能独占其文化解释权，一种文化一旦被分享就成为共同资源。众多族群分享中原文化的现象类似于欧洲各国分享来自希腊、罗马和耶路撒冷的文化。

互化乃是不争之历史事实，谁主导互化，却是关涉到谁代表中国正统的敏感问题。这个问题的敏感性实为历史语境所造成。在多数情况下，逐鹿旋涡不断卷入的大多数竞争者都化为中国人，竞争者的原住地也因为卷入逐鹿中原的旋涡而合入中国，匈奴、鲜卑、突厥、契丹、女真、蒙古、满族，等等，尽皆如此。宋朝之前，进入中原的北

1　姚大力：《蒙元制度与政治文化》，北京：北京大学出版社，2011年版，270页。

方竞争者的胜利都比较短暂，在宋朝时期却形成了长达300年的割据格局：辽（契丹）占据北部中国，地域大过宋，西夏（藏族）占据西北，宋占据中原和南方，当金（女真）取代了辽，把领地扩大到淮河一带，更占有了中原的大半部分。于是，谁代表中国"正统"就成为问题了。

辽与宋对峙，就权力主导而言，宋处于弱势，甚至为了和平而向辽纳贡，因此辽当仁不让地自视为中国之正统，但在外交措辞时则温和地说成平等之割据："境分二国"但"两朝事同一家"（辽兴宗和辽道宗写给宋仁宗和宋神宗的国书如是说）。最有趣的是，辽太宗灭后晋时获得了据说是秦始皇为"万世"中国所制之传国玉玺，传国玉玺一直被神化为天命的物证，因此获得传国玉玺便被认为是正统的一个象征。辽兴宗曾经为科举命题为"有传国宝为正统赋"[1]。宋处弱势，便采取与辽相反之理据而强调华夷之辨。王桐龄认为，正因宋朝幅员偏小，武力衰弱，对辽、夏、金、元应付维艰，于是"尊王攘夷学说成为天经地义"[2]；又据葛

1 以上关于辽朝的资料皆转引自王柯的《民族与国家：中国多民族统一国家思想系谱》，北京：中国社会科学出版社，2001年版，119~128页。

2 王桐龄：《中国民族史》，长春：吉林出版集团，2010年版，376页。

兆光的观点，宋与辽、金、西夏的并立状态使宋陷于“从所未有的关于中国的焦虑”[1]。此种焦虑迫使宋朝的政治叙事从天命的普遍性退缩为特殊性，把“天下人的天下”观念替换为汉人的中国，这等于背离了周朝开创的普遍关怀之天命传统，而把天命理解为族群之私产或类似于殷商想象的上天特殊眷顾。此种退缩叙事虽有内部凝聚之效，但其代价是失去了政治叙事的广泛容量。

元朝人谢端在《辨辽宋金正统》一文中以分治状态为依据，把辽和金看作是北朝，南宋为南朝，二者为并列的中国政权。[2]南北朝之分通常被认为是临时状态，因此虽各执一词而未及根本。元朝和清朝皆为非汉人主政整个中国，尽管元朝和清朝不同程度地接受了中原文化，且与中原文化有着深入互化，但元朝和清朝的性质超出了宋代以来儒家叙事的限度，于是不得不重新解释正统。其中尤以元朝最难解释，元朝推行不平等的民族政策，基本国策是突出蒙古人的地位和传统，只因统治之需而部分采用了中

1　葛兆光:《宅兹中国》，北京：中华书局，2011 年版，41~42 页。

2　转引自饶宗颐:《中国史学上之正统论》，北京：中华书局，2015 年版，157~161 页。

原制度和文化，但在决策机构中蒙古人的人数超过半数，色目人也多于汉人。[1]元朝还放弃使用秦始皇传国玉玺的传统，另制材质规制不同之帝玺，[2]此举或暗示元试图开启新统。

如何解释元朝的历史位置，据张兆裕的分析，这是朱元璋建立明朝后所遇到的“前人未遇之难题”。朱元璋给出了一个两面解释：蒙古皇帝几乎征服了整个天下，前无古人，必是天命所授，否则不能成功。既然蒙古受天命而主政整个天下，那么蒙古主政中国也是天意。然而，蒙古终究不适合治理中国，所以天命必然要回归中土，轮到他来做皇帝。[3]因此，朱元璋在象征正统传承的历代帝王庙里将元世祖忽必烈列入中国正统皇帝之序列。朱元璋对正统的新解并非全新，只是否定了宋朝的华夷之辨，回归周朝传统的天命解释，而周朝思想在中国传统中有着至高地位，

---

1 陈高华、史卫民：《中国政治制度通史 · 第八卷》（白刚主编），北京：人民出版社，1996 年版，60 页。

2 陈高华、史卫民：《中国政治制度通史 · 第八卷》（白刚主编），北京：人民出版社，1996 年版，37~38 页。

3 张兆裕：《明代华夷之辨》，见中国社会科学院历史研究所主编《古史文存 · 明清卷上》，2004 年版，265~277 页。

其权威性远超宋儒，朱元璋的解释也就不难成立。宋明儒家的华夷之辨虽然引经据典于先秦，托词于孔子春秋大义之“攘夷”原则，实则有悖于周朝传统的天下和天命概念。瞿式谷曾经指出华夷之辨乃是附会误读：“吾夫子作春秋，攘夷狄，亦谓吴楚实周之臣而首奸王号，故斥而弗与，非谓凡在遐荒尽可夷狄摈之。”[1] 瞿式谷的解读更符合周朝之天下古义。元朝虽然武功显赫，但在文化上除了个别突出成就，与宋朝相比有着大幅度的下滑，因此难言文治。元朝选择了以大一统作为合法性定位，所谓“自古帝王非四海一家不为正统”[2]。于是，天命的证据收缩到只剩下地理指标：完成大一统。民心问题则隐去了。

不过，正统概念最初之义就是“一统”，并未强调“正”。诚如饶宗颐所考：“向来说者以正统之义，本于一统”，源于李斯之言。[3] 宋以后的正统论基本上都以欧阳修的正统观为基准，欧阳修从公羊学角度去理解春秋大义，从“大居正”和“大一统”之论推出“正者，所以正天下之不

1　瞿式谷：《职方外纪小言》，见谢方：《职方外纪校释》，北京：中华书局，2000年版，9页。

2 《元史 · 卷一百六十一 · 列传第四十八》。

3　饶宗颐：《中国史学上之正统论》，北京：中华书局，2015年版，6页。

正也；统者，所以合天下之不一也”。[1]统，即空间上之大一统；正，指为公之大义，自然必得民心，相当于民心上的大一统。事实上，民心的大一统几无可能，任何制度和政权都只是获得部分人的支持，区别只在多寡。因此，空间的大一统仍然是天命的基本标志。

至于清朝，满族所居之东北属于明朝辖地，清朝主政中国也大体继承明朝制度，疆域远超明朝，民生状况良好，清朝前中期近150年的“盛世”在历史上罕有其匹，因此在正统性上的疑义远不及元朝。但在清初的明朝儒家遗民看来，清朝仍然有正统的疑问，王夫之借讨论宋朝之亡以喻明朝之亡：“宋亡，则举黄帝、尧、舜以来道法相传之天下而亡之也。”[2]“亡天下”是来自顾炎武的概念，顾炎武有言：“易姓改号，谓之亡国。仁义充塞，而至于率兽食人，人将相食，谓之亡天下。”[3]王夫之的用法似乎偏离了顾炎武的原意。顾炎武虽怀故国，亡天下之论却非针对清朝，他在文中所举“仁义充塞”的例子是晋朝，而晋朝却非夷狄。

1　欧阳修：《正统论上》，引自饶宗颐《中国史学上之正统论》，北京：中华书局，2015年版，114页。

2　王夫之：《宋论·卷十五·度宗》。

3　顾炎武：《日知录·卷十三·正始》。

王夫之另加解释的“亡天下”似乎意指中原文化传承之断裂，这一点恐与事实不符。清朝对中原文化的推崇应无疑义，清朝所沿用的世界观、历史观和伦理秩序都属于中原传统。

元朝和清朝正统性的真正疑点在于，元朝和清朝皇帝都保留了大汗身份，这一点被用来说明元朝和清朝并不属于中国传承线索中的王朝，而是征服了中国的外国。关于这个疑点，当代人无法完全接近历史真实，只能寻找最合理的解释。以当代理论去逆向建构古代事实，符合历史真实的概率恐怕要小一些，而以符合古人最大利益的理性理由去推测古人的选择，就更可能接近历史真实。按照“最大利益”（主要包括政治利益和经济利益）去推想，摆脱中国王朝线索而定位为入侵者的征服王朝，这样的身份选择恐怕不符合元朝或清朝的最大利益，显然不可能是元或清的理性选择。元清皆保持其双重身份，是因为需要得到两种传统的一致支持，以便控制生活与生产方式都不同的两大区域。元朝和清朝都认为自己完成了前所未有的大一统伟业，并没有把所辖之地分开看作是两个国家，因为中原传统的天命观和大一统概念对于元朝或清朝都是最有利的政治神学叙事：只有成为大一统中国的合法传承之主，才能有效征用最大资源、最大权力和最大利益。既然加入中国历史线索符合元朝或清朝的最大利益，就很难想象元朝或清朝会拒绝对自身如此有利的政治和历史资源。在与明朝逐鹿中原之前，努尔哈赤在写给明朝万历帝的信中已经征用天下概念解释了满族主政中原的合法性："天地之间，上自人类下至昆虫，天生天养之也，是你南朝之养之乎？……普养万物之天至公无私，不以南朝为大国容情。……天命归之，遂有天下。"[1]

据实言之，中国的概念始终是多文化的互化与共同建构的结果，既不是表现为汉化的同化，也不是不同文化之间的互相拒斥与分隔，但在混成的中国文化中，由于以汉字为载体的精神世界更为丰富深厚，中原文化的基因始终起着主导作用，这也是无须回避的事实。即使北方族群（特别是蒙古和满族）入主中原，中原文化仍然是文化互化的主要资源，如前所述，嵌入中国的历史线索正是入主中原的北方族群的最大利益之所在，因此势在必然。无论元

1 《清入关前史料选辑 1》，北京：中国人民大学出版社，1984 年版，289~296 页。

朝还是清朝，其政治合法性都在中国思想中仍然能够被解释，至少在周朝传统里能够被解释，也就是说，作为内含天下结构的国家，中国汇万民于一体并非难题。

直到清末，中国才真正遇到了无法自圆其说的身份难题：不仅中国在地理上并非天下之中心，在政治权力上也不是天下中心，甚至在知识生产上也并非天下中心。如果逻辑一致地根据天下概念去理解世界，清末以来的中国不再是天下概念里的那个“中国”，而只是一方“诸侯”。同时，古代中国的自身叙事也遭到外部世界的质疑，来自他者的叙事也带来了属于另一个世界的逻辑，也因此产生了语境错位的解释和跨文化理解的困难。

一个典型的例子是，汉朝以来（特别是明清时期）的朝贡制度被看作是中国强加给世界的一种等级制。费正清称之为“朝贡体系”[1]，他把朝贡制度解释为“中国的世界秩序，是一整套思想和做法。千百年来中国统治者们不断将这套东西加以发展，使之永久保存下来”[2]。然而，把朝贡制

1　费正清主编：《中国的世界秩序：传统中国的对外关系》，北京：中国社会科学出版社，2010 年版，283 页。

2　费正清主编：《中国的世界秩序：传统中国的对外关系》，北京：中国社会科学出版社，2010 年版，1 页。

度理解为朝贡体系恐怕是言过其实的过度诠释。汉朝以来的“朝贡”虽保留了周朝的朝贡名称，却已无实质支配权力，基本上有名无实。周朝的朝贡是诸侯对天下体系的一种政治和经济义务，诸侯提交的贡赋虽不等于税收（弱于税收），但也是对周朝维护天下体系的成本费用分担。可是汉朝以来的朝贡制度只是一种政治想象，除了少数与中国王朝关系密切的藩属国（朝鲜、越南、琉球等），大多数朝贡国并没有承认对中国王朝的附属关系，中国王朝对朝贡国也没有政治和经济的支配关系。因此，汉以来的朝贡只是一种涉外制度而已，远够不上支配性的“体系”或者“秩序”。自汉唐至明清，朝贡关系采取厚往薄来政策，对朝贡者优厚赏赐、高价回赠，绝大多数朝贡国利用朝贡的优惠政策进行利好贸易，乃至争相朝贡，使朝贡贸易造成中国的巨大逆差，中国王朝甚至不得不限制朝贡的次数和货物数量。[1] 由此可见，周边国家所理解的朝贡之经济含义远多于政治含义。

我们还需要注意到反向朝贡的现象。汉武帝之前，西

1 郑有国：《中国市舶制度研究》，福州：福建教育出版社，2004 年版，214~220 页。

汉苦于与匈奴的长期竞争，为求得和平而“岁奉”匈奴许多财物，恰如李云泉所说的，这表明汉朝反向匈奴朝贡[1]。中原王朝对强势竞争者的反向朝贡并非特例，两宋对辽金也是反向朝贡。反向朝贡的现象说明，朝贡是一种通用的政治策略，并非中原王朝专用，而是强势一方受贡。

中原王朝的涉外政策也不止朝贡一途，事实是朝贡与和亲两种策略长期并存兼用，虽然朝贡为主和亲为辅，但不能因此把中原王朝与周围政权的关系简单归结为朝贡。据阎明恕的研究，和亲的作用在现代史学中被明显低估。和亲策略自商周至清朝一直运行，并非偶然事件，也并非总是迫于压力的权宜之计，而是长期策略，既有中原王朝处于被动地位的“消极和亲”，也有处于主动地位的“积极和亲”。[2]

朝贡关系中稍有实质政治意义的是册封和奉正朔：受册封意味着比较亲近的关系，在国事危急之时可以求助于中国；奉正朔则是使用中国皇帝的纪年来标记时间，如果

1　李云泉:《万邦来朝：朝贡制度史论》，北京：新华出版社，2014年版，13页。

2　阎明恕:《中国古代和亲史》，贵阳：贵州民族出版社，2003年版，157页。

朝贡国奉行中国王朝的纪年，就意味着承认中国的历史叙事是通用历史。按照这个逻辑，如今中国以及世界上多数国家都采用西方纪年，不知道算不算奉行西方之“正朔”？

3 为什么逐鹿中原？

天下逐鹿的说法最早见于《史记》：“秦失其鹿，天下共逐之。”[1] 在此，鹿代表最高权力。为什么以鹿代表权力？此事似无确知。权力是政治博弈的“猎物”，以动物象征权力并不难理解，但古中原猎物甚多，与鹿相较而更强更大或更有气势的动物并不少有，中原初兴之时正值全新世大暖期，[2] 气候温润，植被良好，不仅有牛、熊、虎、豹，甚至有大象和犀牛，为何选中鹿来代表权力？似乎有点费解。鹿的最早文献形象见于《诗经 · 小雅 · 鹿鸣》，“呦呦鹿鸣”所描绘的鹿是祥和温暖的形象，似与权力无关。张光直有个猜测：在古代遗址中可见鹿肩胛骨用于占卜，因此可能有

1 司马迁：《史记 · 淮阴侯列传》，也见于班固：《汉书 · 蒯通传》。

2 满志敏：《中国历史时期气候变化研究》，济南：山东教育出版社，2009 年版，92~118 页。

“仪式意义”，或与逐鹿的含义有关。[1]不过这似乎不足为证。鹿肩胛骨固然可作为占卜的仪式用品，但古代占卜用品更多是牛肩胛骨，尤以龟壳为贵，这似乎暗示着，牛骨和龟壳的“仪式意义”超过鹿骨。我们或可另外推想：在早期中原，老虎大象虽更能代表力量，但过于凶猛，并非单纯的被动猎物，而是搏斗对象。只有单纯猎物才适合作为竞赛性的狩猎对象，而在单纯猎物里，鹿是具有典型形象的猎物，华美胜过野猪山羊狐兔，且有王冠般的鹿角，适合用于象征权力。对此有个旁证，《周易》有“即鹿无虞，惟入于林中，君子几不如舍”之语，[2]说的是，由于没有得到山林管理官的指导，鹿躲入密林，君子不应穷追。这暗示着，在那时，猎鹿已成为在专业官员指导下为王公贵族准备的竞赛游戏。鹿或可因此成为权力象征。

逐鹿游戏的关键在于存在着难以抗拒的诱惑。逐鹿中原是政治权力的竞争，在以中原为核心地区的广域空间里，众多政治势力争夺最大权力以图控制最大资源。有些势力

1　张光直:《中国考古学论文集》，北京：生活 · 读书 · 新知三联书店，1999 年版，53 页。

2 《周易 · 上经 · 屯挂三》。

是主动参与者，也有因为连锁关系而被卷入的被动参与者。如前所述，逐鹿游戏的特性在于它具有旋涡效应，一旦被卷入就难以全身而退，除非放弃一切利益和土地而彻底出局（如部分匈奴和突厥之远遁）。成败兴衰只是一时之情节，却不是逐鹿游戏的历史性结构。前面我们概括地分析过中原成为权力聚点的逻辑推想，这里需要进一步理解中原成为聚点的历史语境与演变。

逐鹿为什么在中原？许宏推荐了两种有助于理解的解释。一种是卡内罗的“限制理论”：条件优越的地方有着集中的资源，众人纷至而使人口密度增大，中心区域的居住者便处于被包围的状态，于是不得不加强力量，扩大据点规模，以便自保或击败竞争者，结果在这个地区形成密集据点和激烈冲突。许宏相信远古中原可能存在着这种情形；另一种解释是赵辉的“中心理论”：中原地处广域的中心，因此成为交通、物流和情报中心，中原又因此汇集了最多的政治经验而变得更加成熟，而边缘地区由于缺少学习机会而竞争不利。赵辉试图说明，中原的成功与交通条件更有关系，而与经济实力没有必然关系。[1]这两种理论看来都能够部分地解释中原成为中心的历史条件，但仍有一些疑点。长江流域的自然资源和人口不少于黄河流域，文明兴起也不晚于（或稍晚于）中原，物质技术和交通条件也不弱于中原，为什么没有成为中心而直到春秋时代还被视为蛮夷？另外，假如交通物流是决定性因素，那么为什么西域没有成为中心？从更大空间的流通来看，西域更是四通八达的物流和信息中心，东接中原，西连中亚和中东，自有条件可以兼备东西方的物资和技术之长，事实上经西域传入中原或传入西方的物资和技术很多，以至于形成丝绸之路，可为什么西域的地位不如中原？

奥尔森的国家理论提供了另一种相关解释。[2]一个国家的成功必须具有强大的集体行动能力。可是奥尔森定理表明：小集团比较容易形成集体行动，而大集团总是存在严重的搭便车问题而往往导致集体行动的流产，因此，作为

1　许宏:《何以中国》，北京：生活 · 读书 · 新知三联书店，2014 年版，96~99 页；也见赵辉:《以中原为中心的历史趋势的形成》，见《文物》2000 年第 1 期。

2　参见奥尔森:《权力与繁荣》《国家的兴衰》，上海：上海世纪出版集团，2005 年版;《集体行动的逻辑》，上海：上海三联书店，1995 年版。

大集团的成功国家必定至少满足两个能够超越搭便车困境的特殊条件:(1)能够形成普遍共享利益，类似于儒家想象的“有德之邦”。(2)具有选择性激励的制度，类似于法家推崇的赏罚分明制度。根据历史及传说，在中原兴起的核心王朝都兼备圣王之德治传统和赏罚制度，大概符合奥尔森条件。但奥尔森的理论或可解释成为逐鹿胜利者的条件，却无法用于解释中原成为逐鹿空间的必然性和持续性：为什么中原成为人们欲罢不能的逐鹿之地？我们一直在追问的是：中原究竟有什么非争不可的特殊资源？中原在交通上、经济上和政治上的社会发展综合指标足以让众多势力前仆后继地卷入争夺游戏——可这已经是中原故事的后半部，问题在于中原故事的前半部。

中原成为聚点，肯定与资源有关，而同样不可忽视的另一个原因可能是：与其他同样富有资源的地区相比，中原相对容易攻占，战争成本比较低。这个缺乏传奇色彩的原因听起来令人失望，但或许也是一个助长积极性的因素。经济条件、交通条件或战争成本等等因素或能解释逐鹿中原的偶然性，却仍然不足以解释逐鹿中原的必然性。我们真正需要理解的并非逐鹿中原事件之偶然发生，而是逐鹿游戏的持续性或一贯性，确切地说，需要解释逐鹿游戏为什么会成为一个旋涡。到底是什么原因形成了逐鹿游戏的旋涡模式？是什么因素维持了中原的旋涡向心力？只要形成了旋涡模式，逐鹿中原就不再是偶然行为而是必然的博弈了。

在人类发展出种种“征服自然”的技术之前，世界是一个无法支配而不可测的存在，因此，人类通向存在之谜的途径是“魔法”。占卜是最早的一种魔法，而后起的书写文字是使一切魔法失色的最大魔法。文字把一切事物保存在人可占有的形式里，既保住过去又预设未来，把属于自然的时间性变成属于人的历史性。文字因此创造了一个唯心主义的世界，而这个唯心主义的世界又以“摄魂”的方式去叙述客观存在的唯物主义世界。这就是最大的魔法。人借助文字而具有神力，所以仓颉造字而鬼神夜哭。在人类无法以唯物主义的方式占有世界时，就以唯心主义的方式去占有世界，创作或虚构了一个能够解释一切事物的精神世界，从而使生活超越一时一地之羁縻而“唯心地”存在于整个世界和所有时间维度之中。魔法就是力量，于是先民必争魔法。中原远古的“绝地天通”事件就是争夺魔法之役，圣王将巫术权力从民间收归国有，意味着唯有王者方可占有世界。与巫术不同，文字这个最大魔法天然具有普遍可分享性质而无法为任何权力所独占，于是，争相分享文字魔法所开拓的精神世界，便成为生存之普遍行为。

既然中原最早发明了书写文字并且发展了以汉字为载体的精神世界，这个捷足先登的精神世界所占有的就不只是对世界的解释权，而且占有了中国这个存在的历史性，从而形成一种精神的路径依赖：分享这个精神世界就等于分享了历史，分享这个为更多人所分享的精神世界就能够获得更大的政治伸延幅度，也就分享了对存在最有利的更大可能世界。在这个意义上，中原最具特殊性的资源应该就是以汉字为载体的精神世界，这个无形资产比地理中心或物质资源更为显著也更重要。逐鹿中原的旋涡模式或由多种原因合力形成，但其中最具决定性的动力非常可能就在于争夺中原精神世界及其传统的分享权，也就是争夺知识生产能力和历史解释权。

当然，这只是一个基于合理的政治理由的推想。假定这个推想成立，下面的故事就大致顺理成章了。在历史上争夺中原的精神世界最为成功的例子当属以周公为首的西周政治家集团。周偏居西北而近西戎，在周朝攻取中原取代殷商之后，周公集团通过“德”的概念重新定义了天命的归属理由，修改了殷商独占天命的祖神与天帝合一传统，把天命概念转化成为“惟德是辅”的无私普遍天道。“德”必须落实为“行”方能得证，而行为构成历史意义。由此可推，应该是周确立了中原精神世界的历史性。此举成功地把周的新观念接续到了夏商传统上，合法地占有了中原的精神世界和历史的解释权，进而，周创制了天下观念而把中原的精神世界推向空间极致。可以说，周公思想是在时间和空间概念上的政治神学革命，时间转为历史，世界化为天下，并以此为中国的存在方式展开了大容量的历史性和世界性：与天之无穷相配而具有不绝之历史性；与地之广大相配而具有无外的世界性。这个精神世界的可能容量几近极致，由此可以大概解释中国文化之早熟，也可解释此后历代不断沿用的理由。

周朝衰落使列强再次有了逐鹿机会，数百年的春秋战国基本上奠定了逐鹿中原的旋涡模式，形成了逐鹿中原的稳定向心力。此后历代王朝不断加强这个旋涡效应。这个旋涡并没有始终固定在中原，无论旋涡中心如何游离中原核心地区，逐鹿游戏却没有偏离中原的精神世界而始终保持其旋涡模式。当漠北势力逐步成为逐鹿中原的最强竞争者，与中原势力大致势均力敌，时常还强于中原政权，逐鹿游戏的旋涡中心便由中原位移至幽燕一带，与此一致，中国王朝的首都也从西安洛阳移到北京。据周振鹤研究分析，金朝和元朝的建都理由已经言明了对天下之中之新解释，金朝建都北京并称为“中都”，最早明确表达了北京成为中国核心的理由：“唯燕京乃天地之中”；元朝建都北京也有同样的解释：“天子必居中”，于是“非燕不可”。[1] 自宋朝以来，中国经济中心移到了江南。这说明政治博弈的旋涡中心未必总与经济中心一致。

逐鹿游戏的消长与进攻者或防守者的经济学考虑之间有着明显相关性。在经济和军事能力范围内，竞争各方可承受成本的最大值与收益最大值的比例决定了是否进行军事冒险，进攻或防御都发展到控制了最优之可及资源为止。这或可解释，为什么即使在中原王朝的实力明显强于漠北游牧族群时，也并不试图征服草原而满足于威慑漠北

1 周振鹤：《中国历史政治地理十六讲》，北京：中华书局，2013年版，256页。

草原，反过来也可解释，漠北草原一旦势力明显强于中原，就必然南下建立自己的中原王朝，因为最优资源在中原。《盐铁论》中记录了汉朝关于是否应该武力征服匈奴的辩论，主和派点明了中原王朝不适合武力征服游牧部族的秘密："匈奴之地广大，而戎马之足轻利，其势易骚动也。少发则不足以更适，多发则民不堪其役。役烦则力罢，用多则财乏。"[1]即使用兵也追不到匈奴："匈奴牧于无穷之泽，东西南北，不可穷极，虽轻车利马，不能得也。"[2]所以对游牧部族作战以自卫反击为宜："非贪壤土之利，救民之患也。"[3]相反，漠北进攻和统治中原的成本都相对低得多，而收益很大，一旦控制了中原，就不仅拥有充足的经济保障，而且获得最大的精神资源和政治资源。李鸿宾的研究说明，由于东北族群与中原来往密切，有更多的互相了解，对逐鹿中原最有兴趣，也最具入主中原的条件。[4]事实确乎如此，除了蒙古，成功入主中原的北方族群多为

---

1 《盐铁论 · 备胡第三十八》。

2 《盐铁论 · 西域第四十六》。

3 《盐铁论 · 伐功第四十五》。

4 李鸿宾：《逐鹿中原：东北诸族南向拓展的秘密》，见《中国社会科学报》2015-01-29。

东北部族（鲜卑、契丹、女真、满等）。

逐鹿游戏各方势力的消长也导致了中国式的“分合”问题。欧洲历史上也曾有分合，合的一个理由是帝国，分的主要理由是民族和宗教教派，欧洲对分的兴趣胜过合的动力，原因之一便是民族和宗教的精神向心力强于帝国。古代中国没有一神教，因此各种信仰缺乏强势要求而可兼容存在；也没有民族主义或种族主义，文化差异或隔阂在精神力量上弱于天下一家的信念，因此也容易接受兼容存在。不过，精神理由还只是合的必要条件，却不是充分条件，终究需要能够推动“合”的实际行动，逐鹿游戏的旋涡向心力正是导致合的动力因素。当逐鹿游戏的向心力强度发展到一旦卷入旋涡就成为旋涡的一部分而把中国变成一个旋涡式存在，其旋涡效应就使“合”成为必然之势。对于每个竞争者而言，“分”都不是最大利益之所在，只是竞争能力不足时的自保策略，或者说，“合”乃是旋涡本身之大势，而“分”只是力抗旋涡而陷入僵局状态的权宜之计。

以秦朝算起，中国的南北朝状态或多方割据状态甚至长过大一统的时间，包括匈奴、鲜卑、突厥、契丹、女真、蒙古和满族在内的北方族群割据半壁中国的时间占中国历史过半，主政整体中国的时间也有三百多年（元朝加清朝），另有西南族群的长期割据。旋涡模式使竞争失利者难以全身而退，竞争失利而拒绝“合”，就将因完全出局而失去一切利益，甚至失去家园而远遁。中国的旋涡式存在不断卷入众多族群，必定形成多民族多文化的共存局面。多民族多文化如何共存，或者说，如何在“合”中有“分”，就成为任何一个王朝必须解决的问题。这个万民共在的事实导致中国一直实行混合制度，一国两制或一国多制。

是谁发明了一国多制？是周朝吗？周朝的天下体系虽然兼容并蓄，各有其俗，但天下体系不是一国秩序，而是世界性的秩序，并非一国多制，而是多文化体系。秦朝改制才使中国成为一个国家，但天下的兼容基因使中国历代都大致奉行周朝的“不求变俗”[1]原则的政治遗产。事实上并非完全不变其俗，各族群在共存中互化之事一直存在。

当汉朝与匈奴卷入了旋涡式博弈，继而开通西域，开始直面众多族群如何共处的问题。汉承秦制，以“一统”制度取代了周朝的“协和”秩序，然而，一统制度只是解决了直辖地域的“同”问题，却不能解决“不同”之族群

1 《礼记·曲礼》。

之间的“和”问题。对于军事实力与汉朝相当或虽略逊却难以平定的匈奴，汉朝试图通过和亲方式将其纳入朝贡概念，但匈奴与汉朝是竞争对手，并不是汉朝的加盟者，朝贡实为名不副实的概念挪用。汉朝的政治新经验来自开通西域，西域存在众多小规模部族，缺乏统一性，众多部族之间有冲突，与匈奴也有冲突，而又居于丝绸之路一带，与汉朝分享着丝绸之路的贸易利益，因此有与汉朝合作并寻求汉朝保护的积极性，“西域思汉威德，咸乐内属”[1]。当汉朝的统治延伸至西域，就面临文化差异问题。郡县制的直接统治并不适宜加盟的西域族群，汉朝发明了一种秩序延伸制度，称为“都护”[2]，即监护官制度。汉朝设立的西域都护府，相当于郡的地位，却不是郡。都护府没有太守（行政主官），而只设都尉或校尉（军事主官）。这意味着，都护府是个军事监护单位，而不是社会管理单位。都护府的主要功能是军事据点，驻军屯田，看护西域，所看护的西域小国最多时达 50 个。[3] 由于不具行政管理功能，都护府意

1 班固:《汉书 · 卷九十六下 · 西域传》。

2 班固:《汉书 · 卷七十 · 郑吉传》。

3 孟祥才:《中国政治制度通史 · 第三卷》（白刚主编），北京：人民出版社，1996 年版，257~258 页。

味着不干涉西域各族的自治秩序，只维护西域与中央王朝的合作关系。都护府大概是中国最早的“一国多制”秩序，其“羁縻”[1]原则成为后来隋唐羁縻制度的基础。

十六国时期北方游牧族群进入中原建立了并立割据的多个政权，治下汉人众多，因此实行“胡汉分治”制度。匈奴刘渊的汉国最早建立胡汉分治，皇帝身兼胡汉两族之共主，下辖两套官员，分管胡人和汉人。基本格局是胡人当兵汉人种田，胡官统辖军队，而汉官负责管理经济和社会，因此，胡汉分治同时就是兵民分治，[2]这样就把国家划分为“军队”和“社会”两个空间，虽是两制，却不是政治上的一国两制，更像是社会分隔制度。唐朝的羁縻制度则具有真正的政治性。唐朝地域广大，族群众多，设立羁縻州作为中原以外地区的行政单位，其辖区内的制度依照该地区民俗而定，具有很大程度的自治权。羁縻州的自治程度各有不同，其中自治程度最高的是完全维持民族传统制

1　羁縻是王朝控制边疆的一种因地制宜的制度，具体政策因时因地而有所不同，其基本原则是中央政权控制下的地方自治，要塞通常有派驻军队，但不干涉地方传统生活和管理方式。

2　黄惠贤:《中国政治制度通史 · 第四卷》（白刚主编），北京：人民出版社，1996 年版，72~80 页。

度，从行政主官到各级官员都由本族人担任；自治程度其次的是中央派驻监督官员；自治程度稍弱的是中央派驻官员与本地官员联合管理[1]。后世的土司制度可以理解为羁縻制度的衍生版本。辽代实行蕃汉分治，北枢密院以契丹老法管理契丹人，南枢密院以汉法管理汉人。[2] 蕃汉分治没有民族隔离的含义，并非胡汉分治的翻版，只是依俗而治。在辽朝高层中多有汉人官居宰相、枢密使、元帅、尚书、节度使、大将军，等等，如韩德让官至大宰相、总南北二枢密，封晋王，已经位极人臣。[3] 元朝制度尤为复杂，大体上以蒙古制度为尊，同时附会汉法，多制并举。例如法律是蒙古法、汉法以及回回法的多元联合体。[4] 元朝地域极其广阔，大多数地区的情况对于元朝都是新经验，而元朝尚未形成稳定成熟的制度就衰落了。在总体上说，元朝在军事

1　俞鹿年：《中国政治制度通史 · 第五卷》（白刚主编），北京：人民出版社，1996 年版，256~260 页。

2　李锡厚、白滨：《中国政治制度通史 · 第七卷》（白刚主编），北京：人民出版社，1996 年版，2 页，74~87 页。

3　王桐龄：《中国民族史》，长春：吉林出版集团，2010 年版，394~398 页。

4　姚大力：《蒙元制度与政治文化》，北京：北京大学出版社，2011 年版，280 页。

统治下基本上维持各地传统习惯，类似于军人政权。明朝大致沿袭唐朝的一国多制，边疆地区维持各族群的传统制度，其中，元朝为西南民族发明的自治土司制度在明朝发展成为成熟制度。清朝继承了明朝的成熟制度，在中原地区采用高度汉化的治理，在边疆各地实行自治与中央监管的混合制度而多有改进。大概言之，中国一直是内含多种制度的政治秩序：在先秦的天下时代，是多文化体系；自汉以来，是一国多制。

逐鹿的旋涡模式所形成的中国是个多文化多族群混合体，其中多文化的互化是一方面，而多族群的融合又是一个问题。虽是互相同化融合，但所谓的“汉人”或“汉文化”终究是主干，因此经常被认为其实是汉化。这是个相当混乱的问题。“汉”这个概念不仅自身具有复杂性，而且经常与“中国”概念混为一谈。汉族是现代概念所追认的界定，可问题是，中国从来不是民族国家，而是不断生长的弹性存在，其伸展度取决于逐鹿游戏的规模，凡是进入游戏旋涡的地区和族群都是中国的创造者。黄帝、炎帝是西戎或东夷，商源于东夷，周源于西戎与夏之混合，隋唐皇族血统以鲜卑居多，更不用说元与清。古中原族群（夏商周等）与不断进入中原的周边族群（匈奴、突厥、鲜卑、羌、藏、契丹、女真、蒙古、满、苗，等等）一直在融合中成为新中原人，其多族混成的结果才是现代所命名的汉族。更准确地说，早期中国并无汉人族群与非汉人族群之分。在夏商周时期，一些北方或西北族群本来也居住在中原深处。据王桐龄研究，直到春秋时期仍有许多北方或西北族群的诸侯国位于中原，分布在陕西、山西、宁夏、河北、山东、河南等地，在逐鹿博弈中失利才退向漠北，最后一个北狄强国中山国（河北中部）直到战国中期才被赵国攻灭[1]。自汉朝开始，漠北势力增强，又纷纷加入逐鹿游戏。加入较晚的是吐蕃藏族，而居于青海、甘肃的藏族则更早就加入了逐鹿并多次割据于中原。公元763年，吐蕃曾一鸣惊人地攻陷中原王朝的首都长安。

从逐鹿旋涡可见，“中国”是一个远大于“汉”的概念。任何一种价值观叙事与中国的概念都有所偏差，只能由逐鹿旋涡的动力结构和生长方式之历史事实去界定。史书中所见之“历史事实”往往为历史叙事所建构，以最为复杂的元朝为例，明朝对元朝的叙事、元朝的官方叙事、蒙古

1 王桐龄：《中国民族史》，长春：吉林出版集团，2010年版，18~28页。

的传统叙事以及西域关于元朝的叙事所理解的元朝性质各有差异，皆为价值观叙事。这里只是采用了最为收敛的可公度事实（the commensurable facts），即前文所定义的只以政治和经济利益为准的“最大利益”所能够解释的事实。以此观之，元朝虽以蒙古为尊，其最大利益却在中原，故忽必烈决定成为中国皇帝实为理性选择。这同样也可解释元顺帝兵败退至漠北而仍自认是元朝皇帝，史称北元，后只因反攻无望才瓦解。

王桐龄所著《中国民族史》以几近完美的详细材料描述了中国众多族群的互相同化过程。按照他的考证，以秦朝成为中国以来，历代王朝分别为众多民族所建立：金和清为满族所创，前赵、后赵、夏、北凉、元为蒙古族所创，前燕、后燕、西燕、南燕、西秦、南凉、北魏、北周、北齐、辽为满蒙混血民族（鲜卑、契丹等）所创，后唐、后晋、后汉为回族所创，前秦、后秦、后凉、西夏为藏族所创，而在号称汉人的国家中，齐国实为汉人与东夷混合，秦国为汉人与西戎混合，晋国和燕国为汉人与北狄混合，大理为汉人与苗族混合。同样，在号称汉人的大一统王朝中，秦、汉、晋、隋、唐、宋、明都是各族混合。[1]

无论古代中国各族是否有天然的自我中心意识，重要的是，外族并不被理解为必须回避的禁忌，少有不可逾越的民族界限。对于一个政权，政治权力是最要紧的利益。一个王朝是否拒绝其他民族分享政治权力，就是对民族意识的最好检验。王桐龄发现，无论谁主政中国，政治权力或统治阶层都向所有民族开放。他罗列了极其详细的证据说明每个王朝的高层官员分别来自众多民族。例如，在以汉人为主的朝代中，见于史册的非汉人官员在隋朝有匈奴、鲜卑以及其他胡人共 51 人，在唐朝有鲜卑、突厥、高丽、吐蕃、契丹、回纥、日本、印度等民族共 122 人（多有名将名臣，尉迟敬德是鲜卑人、哥舒翰是突厥人、高仙芝是高丽人、元稹是鲜卑人、李克用是沙陀人），在宋朝有鲜卑、匈奴、突厥、党项、阿拉伯等民族共 34 人（名将呼延赞是匈奴人），在明朝有蒙古、女真、回鹘等民族共 174 人；反过来，在以非汉人为主的朝代中，见于史册的汉人官员在辽朝有 68 人（包括位极人臣的韩德让和赵延寿），在金朝多达 277 人，在元朝，因功而被赐予蒙古名字的汉

1 王桐龄:《中国民族史》，长春：吉林出版集团，2010 年版，序言。

人官员有37人（包括名将史天泽、张柔、张弘范），[1]至于清朝，汉人官员远多于满族官员，多到难以统计，不乏名将重臣。另一个重要的检验标准是通婚，中国各族通婚（包括皇族宗室与外族通婚）历来十分普遍，并无禁忌，唯独宋与元有所顾忌，以宋朝最为极端，皇族完全不与外族通婚；元朝宗室很少与汉人通婚，汉人女子入宫也仅有9人，公主则不与汉人通婚。[2]

至于所谓汉文化，也是众多文化混成的结果。如果需要对汉文化给出一个最具特征性的描述，也许可以说，那是一个以汉字为载体而开放的精神世界。这个精神世界一直在生长过程中，历史上已经吸纳了众多文化的信息，在与多种文化的互化过程中，制度、服饰、美术、音乐、饮食、工具、语音、习俗皆多有变化，唯有作为精神世界载体之汉字保持其超稳定性，而汉字承载着汉文化最为基本的基因。

汉字的超稳定性或与汉字本身的图像性有关。一方面，

1　王桐龄：《中国民族史》，长春：吉林出版集团，2010年版，335~525页。

2　王桐龄：《中国民族史》，长春：吉林出版集团，2010年版，440~441页。

作为媒介的汉字表达外在世界而建构了一个对象世界；另一方面，作为图像的汉字自身却又构成一个具有自足意义的图像世界。图像汉字的这种特殊性使汉字超越了作为能指（signifier）的符号而具有独立意义。语言的语音意义在于意指（the signified）或所指（referent），也就是说，语音符号的意义即指示（reference），这意味着，符号本身并无独立意义，若失去与所指的约定关系，符号的意义为空。作为图像的汉字却具有双重意义：所指意义和显现意义。公孙龙的费解名言“物莫非指，而指非指”[1]很可能针对的正是汉字的特殊性：事物皆为文字的所指对象，而文字自身的意义不等于指示。汉字作为“指”，当然具有符号的指示功能，但汉字这种“指”本身是图像，也就建构了一个“天下之所无”[2]而独立于对象世界的精神世界。

汉字图像所构成的还不仅是一个精神世界，同时又是一个自身具有建构功能的精神主体，兼备所思（cogitatum）与我思（cogito）之功能，当然那是一个匿名的主体，一个文化主体。因此，一个中国人的思想总是具有双重主

---

1 《公孙龙子 · 指物论》。

2 《公孙龙子 · 指物论》。

体，个人心灵主体和通用的汉字主体，并且以双重主体同时凝视世界：心灵在看世界的同时，汉字也在“看”世界。典型情况如古典诗词，一方面表达的是诗人看到的外在世界，另一方面又是诗人以汉字组成的一个自足的图像世界，这使诗词具有自然世界与图像世界的视界叠合效果。汉字图像是体现精神之“形”，是“形而上”和“形而下”的汇合处，因此使特殊性具有普遍性，使过去始终在场，使历史性具有当代性，这种意义的厚度无疑是一种精神吸引力。

中国的汉化固然与汉文化的精神吸引力有关，但汉文化之所以成为众多逐鹿势力的共同选择之聚点，应该还与逐鹿者的理性选择有关。所谓理性选择，首先为追求最大安全，其次为追求最大资源。混合而成的“汉人”占中国人口大多数，因此，对于有能力入主中原（无论半壁还是全境）的其他族群，征用汉文化是一种占优策略（dominating strategy），不仅利于保证政治安全和经济利益，而且可以借助汉文化的精神解释力和知识生产力而获得政治的最大持续力。既然以汉字为载体的精神世界具有最大的信息储存空间和最大的信息生产能力，也就是具有最大的信息输入和输出能力，这对于建构政治神学和历史叙事，对于建立制度和组织社会都是不可或缺的资源。在西方精神世界进入亚洲东半部之前，以汉字为载体的精神世界是这个广域里无可匹敌的精神资源，于是，汉文化才能成为一种众所征用的共同资源。

中国作为众多族群逐鹿之地，胜负之事并无定数，关键在于，逐鹿游戏的旋涡有多大，中国就有多大，进入逐鹿游戏之中的地方就成为中国内部，而与逐鹿游戏无涉的地方便是中国外部。关于中国之内外，这是一个容易被误读的概念。在先秦的天下时代，根据天下无外的原则，天下是无界的，但地方政权所辖之地是有界的，因此，相对于政权辖地来说，就存在着内外之别。对于周朝宗主国的王畿来说，所有诸侯国都是外部，而诸侯国之间也互为外部；对于有着宗亲关系的分封诸侯国（所谓诸夏）来说，四方之东夷北狄西戎南蛮的加盟诸侯国是外部；对于天下体系内部的所有诸侯国来说，尚未进入天下体系的远方四海之地就是外部。天下体系终结之后，整个中原成为秦朝的直辖地（类似于王畿地区是周王的直辖地），而中原以外地区是尚未治理之外部，但有别于外国。秦汉之后，天下不再是政治制度，却仍然是一个知识视野。因此，内外并非指中国之内外，而是治理之地与未治之地之别，是以政权为界之内外概念，非以国家为界之内外概念。

这里不得不提到经常被误读的长城。早在秦长城之前，中国已经建造了多条长城，遗迹尚在。春秋战国时期，诸侯争霸或兼并的战争频发，各国为了自保开始各自修建长城，即在各国的军事前沿地带上根据地形的合理性所建造的军事工事。齐国最早修建长城，在其南部修建了长达千里的长城，其中西南段长城用于防御晋国，而正南、东南段长城用于防御楚国和越国。[1] 虽然齐国与楚国和越国并不接壤，其间分布着众多小国，但作为大国的楚、越经常跨国征战。楚、鲁、魏、秦、燕、赵、中山诸国随后也都修建了各自的长城。这些长城多半用于防御或进攻中原的其他诸侯国，只有一部分是用于防御漠北游牧族群。如齐国长城全部是防御中原诸侯国的。燕和赵都各有北长城和南长城，北长城用于防御漠北游牧族群，南长城用于防御中原诸国。中山国（游牧白狄）的长城却是朝西的，是为了

1　段清波、徐卫民:《中国历代长城：发现与研究》，北京：科学出版社，2014 年版，1~17 页。

防御赵国。[1] 楚国的长城则北向而用于防御或进攻中原，如此等等。显然，各国的长城之修建取决于竞争者所在方向。秦朝长城则只是为了防御游牧族群，因为秦朝一统中原之后，竞争对手只剩下漠北势力了，而西域在那时尚未卷入逐鹿游戏。秦以后历代修建的多条长城同样说明了长城的意义取决于谁是竞争者。如北魏王朝在内蒙古地区修建长城是为了抵御同为游牧民族的柔然，[2] 高句丽修建长城是为了防御中原唐朝的进攻，[3] 辽在黑龙江、辽宁到内蒙古一带建有漫长的长城，值得注意的是，辽长城以外地区（远至俄罗斯部分地区和整个东北以及部分东西伯利亚）是辽的辖地，不是外国，就是说，辽长城完全是在辽的内地，几乎居中，显然与国界毫无关系，而是预防女真和室韦等部族的可能反叛。[4]

1 段清波、徐卫民：《中国历代长城：发现与研究》，北京：科学出版社，2014 年版，114~156 页。

2 段清波、徐卫民：《中国历代长城：发现与研究》，北京：科学出版社，2014 年版，247~248 页。

3 段清波、徐卫民：《中国历代长城：发现与研究》，北京：科学出版社，2014 年版，284~285 页。

4 段清波、徐卫民：《中国历代长城：发现与研究》，北京：科学出版社，2014 年版，304 页。

多数长城之所以位于与秦长城或明长城之重合地带或南北相去不远的位置，是因为这一带几乎就是古代中国两大经济区的分界线，即游牧（渔猎）经济和农耕经济的分界线，同时几乎就是中国东部季风区与西北干旱区的分界线，也是中国的400毫米等降水量线，即半湿润和半干旱地区的分界线，且大致符合“胡焕庸线”[1]即自黑河至腾冲一线。这条斜切线不是标准直线，而是依地形变化而弯曲、偏离或犬牙交错的连线。胡焕庸最早通过统计数字证明了中国的地形图、雨量图和人口分布图三者的大概一致性。这条线具有如此多层重叠一致的含义，在很大程度上影响了逐鹿游戏的博弈状态，大概把古代中国分成了游牧（渔猎）势力和农业势力两个大区域，也通常是一国两制（或一国多制）的分界线。当然，这种划界只是大概模样，在长城外部也有农业存在。

从长时段来看，这两大区域的军事力量大致势均力敌，各有兴衰之时，但经济生产方式以及生活方式的差异使长城一线最容易成为两大势力的博弈均衡线，两大势力博弈

1　胡焕庸:《中国人口之分布——附统计表与密度图》，见《地理学报》1935年第2期。

力竭休战或理性言和之时，往往就停止在长城一线。当然，每次的博弈均衡都有所出入，如河套地区，虽属干旱区，却有良好的灌溉条件，可农可牧，自战国以来，河套地区便反复易手。[1]大概言之，自从中国博弈由东西争胜转为南北争胜，[2]长城一带就是典型的博弈均衡线，除非某一方拥有势不可当的实力而实现大一统。当然，长城并非唯一的博弈均衡线，在南北争胜中，北方胜过南方的时候较多，除了长城一带，其次的博弈均衡线便是淮河秦岭一带，再次是长江。总之，长城不仅不是边界，而且是逐鹿博弈的中心地区，是中国的南北中线。这也能够解释为什么中国的核心随着博弈旋涡的变化而从中原位移到了北京。北京位于这条博弈均衡线附近，最利于同时控制南北中国，因此，有能力同时控制南北中国的王朝都选择了定都北京。

1　周振鹤：《中国历史政治地理十六讲》，北京：中华书局，2013 年版，75~77 页。

2　傅斯年：《民族与古代中国史》，石家庄：河北教育出版社，2002 年版，3 页。

4 以变而在

中国的源流和成分如此复杂多变，又万变不离其宗。张光直称为中国文明之“连续性形态”[1]。中国连续存在之原因，当在于中国本身是一种生长方法。《周易》的形而上学是中国思维方式之本。存在之目的是永在。何以永在？在于变易，在于“生生”和“日新”。这意味《周易》的形而上学不是一种关于“在而不变”的存在论（ontology of being），而是一种关于“以变而在”的存在论（ontology of becoming）。《周易》的存在论化成中国存在之方法论：一切皆在变易中，而变数不可知，存在之道便在于变通，也就是始终保持与变化同步协调。变通不仅是为了继续存在，也是为了使存在变得更有容量，以至于能够应付“万变”；而能应付万变，存在才得以不变。老子在《道德经》中以“水”为隐喻阐述了应变性的思维方式：效果最优的存在方式就是如水一般随形而成，随机而遇。这种“水的方法论”或能解释中国何以善变而善存。作为生长方法而存在的中

1　张光直:《美术、神话与祭祀》，北京：生活 · 读书 · 新知三联书店，2013 年版，130 页。

国具有“以变而在”的无限性，是以中国能够像一个“世界”那样存在，具有“世界性”容纳能力，能以“不是之是”的方式生长。孟子曰：“所过者化，所存者神。”[1]或可注解中国持续的历史性。

一个称为“忒修斯之船”（The Ship of Theseus）的希腊故事说，一条木船有的木板破旧了，就置换了新木板，如此不断置换下去，终于这条木船的每块木板都更换过了，可是这条木船看上去还是原来的那条木船……。

1 《孟子 · 尽心上》。

第三章

天下秩序的未来性

1 世界历史尚未开始

世界史是一个可疑的概念。人类尚未做到“以世界为世界”（套用管子的“以天下为天下”），因此，作为世界之世界（the world qua a world）尚未存在。在这样的情况下，世界史是一种误导性的虚构。我们生活在其中的“世界”至今仍然只是一个物理意义上的世界，即地球，尚未成为一个能够以世界利益去定义并且为所有人所共享的世界，因此，我们所在的世界，除了物理性质，并无政治身份或政治的存在秩序，所以说，“世界”至今还是一个非世界（non-world）。

在这个非世界的世界上，至今还没有一种普遍共享的历史。在现代之前，各地各有自身的历史。现代的殖民运动、开拓海外市场运动以及帝国主义运动似乎把世界各地联系在一起，各地的多样历史（histories）被欧洲的历史组织到一起，成为交织的历史（a complex history of histories），然而，这并不是世界史，只不过是欧洲势力的扩张史，世界各地的历史在欧洲霸权故事中只是被动或附庸的情节。以欧洲扩张史冒充世界史，是至今流行的所谓世界史的基本模板。现代发展到了极致而产生的全球化运动确实把所有人卷入到一个无处不在而难解难分的游戏之中，但到目前为止，仍然没有产生出能让所有人普遍接受的游戏规则。世界发生着一个无人能够脱身的博弈游戏，却没有成为一个共享的世界，因而只是一个失效世界（a failed world）。全球化看起来是现代性自身发展出来的掘墓人，至少使现代游戏陷入自身导致的混乱而失去前途，特别是，全球化使得现代帝国主义支配世界的种种策略遭遇到各种不可测的反作用，世界也因此陷于失序状态。这虽然是灾难性的，但也是创造游戏新规则的时机。

冷战结束时出现的“历史的终结”（福山）的欢呼是一种傲慢而幼稚的想象，它通过黑格尔式的叙事结构而非法挪用了神学故事。假定弥赛亚终将来临，但上帝并没有说在冷战结束之后就来临。另外，上帝也没有说民主就是弥赛亚。按照先知所传达的上帝消息，上帝恐怕不会支持民主制，上帝的天意也不需要民主的同意。这并不是在支持宗教故事，而是说，先知的故事归先知，民主的故事归民主，这两个故事不能采用同一种叙事逻辑。民主的故事属于现代的进步论逻辑，可是进步就像进化一样应该没有终点（除非人类灭亡），如果把进步论嫁接到基督教的叙事逻辑上，就变成了一个现代迷信故事——两者之混合结果既不是科学也不是神学，而是意识形态的迷信。

真正的世界史必以世界秩序为开端去叙述人类共同生活。世界秩序不是某个霸权国家或列强联盟统治世界的秩序，而是以世界共同利益为准的世界主权秩序；不是一国为世界建立的游戏规则，而是世界为所有国家建立的游戏规则。周朝的天下体系只是覆盖有限地域的“世界性”政治秩序，是世界政治的一个概念性实验，是世界历史的预告。世界至今尚未变成天下，真正的世界历史尚未开始。

世界之所以尚未能够成为天下，既是因为世界至今一直持续着无政府状态，甚至时常陷入霍布斯的丛林状态，也因为至今尚无一个能够被普遍接受的世界制度，甚至没有被普遍接受的世界观，也就不可能形成作为政治主体的世界。人只在地理学意义上属于世界，在政治学意义上却只属于国家，于是，世界只是被滥用和掠夺的公共资源，是被争夺和被损害的生存空间。世界的真正问题并不在于所谓“无效国家”(failed states)[1]，而在于是一个“无效世界”(failed world)。如果世界作为一个无效世界长期存在下去，任何一个国家，即使是大国，都将难以克服其负面外部性问题，难以在一个不协调并且不合作的世界中确保安全和发展。悖谬的是，所有国家都深知世界的安全与合作是存在与发展的条件，却一直没有足够认真地对待世界政治问题，其中的一个原因是，世界共同利益总是不如国家利益那么迫切，而且霸权国家总是试图维系其国际剥削体系。我们有理由相信，随着世界各种危险因素的增加，我们必须像对待国家利益、个人权利和政府税收一样认真地对待世界。

如前所述，除了周朝的天下体系这个特例，由自然状态发展出来的政治几乎必定是国家政治，而由国家政治派

1 Failed state是美国人的一个见解。它主要是指一个国家在功能上基本失效而导致社会混乱。

生出来的是国际政治，却无法进一步发展出世界政治。国家政治是对内政治，核心问题是权力和利益、权利和义务的分配；国际政治则是对外政治，即与世界上其他国家之间的政治，核心问题是国家之间的利益博弈，合作、竞争、斗争乃至战争。虽然国际政治处理的是世界中的政治问题，却不是世界政治，因为国际政治不是为了世界利益，而是为了国家利益；不是为了世界的和平与合作（尽管和平与合作是国际政治的流行口号），而是为了压倒对手而实现利益最大化。甚至可以说，国际政治很少能够公正地或正当地解决国家之间的利益冲突，相反，国际政治往往加深了国家之间的矛盾，使国家之间的利益冲突复杂化。如果国际政治居然公正地解决了国家之间的冲突，必定是因为双方形成了实力均势或者双方存在着必须合作的利益。

就国家政治的本质而言，国家政治试图建立尽可能公正的制度或游戏规则（不排除个别非理性的政府只求自己的利益最大化）；国际政治既没有制度，也不追求公正的游戏规则，只有损人利己的所谓“战略”（strategies）。一个是国家对内管理系统，另一个是国家对外斗争系统，两者实为一体。这意味着，国际政治并不是国家政治之外的另一种政治，而只是附属于国家政治的对外战略。这也就能够解释为什么世界始终是无政府状态，一直都没有进入真正的政治。国际政治实质上是伪装为政治的敌对竞争（hostilities，包括战争），结果是把世界当成无政府状态的“公地”（the commons），世界也就成为最大的公地悲剧（the tragedy of the commons）。特别是，在霸权国家的意识里，自己国家之外的其他地方以及公海都是可支配的公地。尽管从未明言，但国际政治实质如此。

《威斯特伐利亚和约》[1]是对世界公地悲剧问题的一个划时代的解决。在此和约模式基础上逐步产生了主权国家体系，以相互承认的国家主权划分了世界公地，明确了各自的“产权”。明确产权被认为是对公地悲剧的有效解决，这一点应为无疑，但同时也产生了新问题。主权国家体系使世界的分裂合法化，或者说，以国家主权否定了世界概念和世界利益。现代主权国家体系这个革命性的成就极大地

---

1 《威斯特伐利亚和约》是指于1648年10月24日分别在神圣罗马帝国明斯特市和奥斯纳布吕克市（威斯特伐利亚区）签订的一系列和约，标志着三十年战争的结束。签约方包括统治神圣罗马帝国皇帝斐迪南三世、西班牙王国、法兰西王国、瑞典帝国、荷兰共和国、神圣罗马帝国诸侯、帝国自由城市。——编者注

促进了国家的发展，但并非所有国家都因此受益，技术和经济上率先得到发展的少数列强另有妙计而成为世界的支配者。对于现代初期的列强来说，仅仅是列强国家的主权是获得互相承认的，世界上绝大多数的其他国家和地区仍然是未加划分的公地，是可以任意入侵、征服和占领的，可以开拓为殖民地。直到两次世界大战之后，世界性的解放和革命运动几乎使所有国家都变成了主权国家，主权国家体系基本上完成了对世界的饱和划分，再无公地。

可是，饱和的主权国家体系不是一个为了世界共同利益的世界体系，而是属于霸权国家的帝国主义体系。经济学认为，产权明确就会产生理性合作或至少能够以理性谈判去解决利益冲突问题。这个原理部分正确，准确地说，它在有着公正游戏规则的条件下才是有效的，而在帝国主义体系中则几乎无效。对主权的普遍承认虽然很大程度上抑制了领土兼并和瓜分（但并非绝不瓜分），兼并模式让位于竞争模式，但现代的竞争规则并不是让世界普遍受益的规则，而是先由欧洲、后由美国制定的专门有利于欧洲和美国的游戏规则，也就是在经济、政治和文化上支配世界的帝国主义规则。

“支配”（domination）是个奇妙的概念，它不是直接的侵略，而是无形的压迫、剥削和控制。马克思最早发现资本主义对世界的剥削问题。受到马克思影响的现代激进思想家们不断深入揭示资本主义的剥削，这个问题早已成为常识，无需多论。然而，激进思想家们对资本主义的批判始终没有超越“阶级”的概念，试图横切世界的阶级概念反而掩盖了比国内剥削更严重的国际剥削，即欧美国家对世界其他地区的剥削。事实上，欧美国家内部被“剥削”的人民相对于世界上被剥削的人民来说也是国际剥削的受益者，因此，欧美人民的利益与世界其他国家人民的利益并不一致，虽然都是工人，却根本不属于同一个阶级。当世界“其他地方”的人民进行了欧美所推荐的政治解放，也不会因此在经济上获得解放，仍然与欧美的人民不是同一个阶级。不把国际剥削考虑在内的阶级概念是非常可疑的，在国际剥削问题被解决之前，更准确地说，在消除帝国主义的支配规则之前，世界各地的“人民”并不属于同一个概念。

从马克思关于全世界无产者联合起来的想象，一直到近年来激进思想家的想象，比如皮凯蒂想象的全球统一高税收[1]，还有哈特和奈格里想象的“诸众”（multitude）联合起来反抗资本主义，或者，对公共资源（the commons）实行集体自治的民主管理的公众运动[2]，等等，虽然都颇具新意，但都无法回应毛泽东的“三个世界”的不平等问题。平等和民主能够改变国内的财富分配，却不足以改变弱势国家在国际体系中被剥削的地位，这是同样重要却不能互相替代的两个问题。在发展中国家实行皮凯蒂的平等策略，或者哈特和奈格里的社会平等运动和集体自治策略，对发展中国家是否真的有利，还是个难以预料的未知数。其结果也许有多种可能性，但其中一种可能性是使发展中国家更加失去国家竞争力而落入未富先衰的陷阱。欧美激进左派的“全球”视野或许有助于改进欧美国家人民的利益，但是否有助于消除国际剥削和压迫，是否有助于改变国际

1　参见 Thomas Piketty: *Le capital au XXIe siècle.* Paris: Edition du Seuil, 2013.（托马斯 · 皮凯蒂:《21 世纪资本论》，中译本 2014 年由中信出版社出版。——编者注）

2　参见Michael Hardt and Antonio Negri: *Empire.* Cambridge, Mass. Harvard University Press,2001; *Multitude.* New York: Penguin Books, 2004 ; *Commonwealth.* Cambridge, Mass. The Belknap Press of Harvard University Press, 2009.（麦克尔 · 哈特、安东尼奥 · 奈格里:《帝国》，中译本 2008 年由江苏人民出版社出版。其他两本书暂无中译本——编者注）

游戏的不平等规则，恐怕还有待更多的证据。

当代的国际支配体系或许是帝国主义的最高阶段（列宁曾经认为帝国主义是资本主义的最高阶段），它意味着一种非常成熟的支配方式：军事干涉的强度减弱了，对生存命脉的控制却明显增强了，也就是对世界金融资本系统、高新技术和基本资源（能源和农业）的控制增强了，而对生存命脉的控制进一步保证了帝国主义对世界的深层支配，即对游戏规则的制定权以及对知识的解释权。对游戏规则的制定权和知识的解释权的独裁就是彻底的帝国主义。

现代帝国主义支配和控制世界的逻辑虽然强大，却也有致命的弱点。我们已经分析过策略模仿和策略反制的问题。两者都是弱者对压迫的反抗，其中，弱者策略反制对帝国主义秩序有一定的破坏作用，但不足以颠覆帝国主义秩序，但策略模仿却是帝国主义难以对付的困难，因为它能够导致帝国主义策略失效，所谓“以其人之道还治其人之身”。正如“模仿测试”所表明的：任何敌对策略都经受不起模仿带来的对称性报复，必定形成囚徒困境的不利僵局，甚至共同灭亡；只有共同受益的策略才经得起普遍模仿，因此，能够保证和平与合作的游戏规则只能是共同受益的游戏规则。这几乎是自明的真理。令人困惑的是，为什么全球公正总是遥遥无期。原因既不神秘也不深刻，仅仅是霸权国家仍然拥有博弈优势，因此千方百计地维持优势。另一个同样令人失望的难题是，只有强者才有能力去建立普遍受益的世界制度，可是强者总是坚持追求自身利益最大化。

真理解决不了问题，真正解决问题要等待历史的临界点。我们可以回顾一下周朝建立天下体系的特殊历史原因：幸运的胜利使周夺得众国盟主地位，周作为小国而必须解决“以一治众”并且“以小治大”的政治问题，因此，建立一个普遍受益的世界制度就几乎是唯一的理性选择。这样的历史时机不可重复，事实上机不再来，未来也恐怕无此机会。但是，全球化以及科学技术的发展很可能将创造另一个祸福未定的历史临界点：一方面，未来高度发达的技术很可能使小集团甚至个人的能力大到足以破坏任何国家的秩序，这意味着，被压迫的小群体或者有野心的小集团，将因为拥有高端技术而变得极其危险，将有能力给帝国主义体系造成致命的挑战；另一方面，高度发达的技术系统在使社会和国家变得空前强大的同时也变得非常脆弱。塔勒布（Nassim Nicholas Taleb）分析过现代社会很难避免的脆弱性，[1]以致难以承受各种非理性的反抗势力的破坏。在某种意义上，可能来临的破坏性挑战是一个“末日问题”。准确地说，技术的高度发展所蕴涵的破坏能力并不是针对霸权的威胁，而是对整个世界的威胁，它将使得任何利益冲突或精神冲突的后果都变得非常危险。因此，这种危险不仅是霸权的末日问题，更可能是人类的末日问题。这个末日问题的危险性不在于最后审判或最后决战，而在于人类承受不起高技术的破坏性，因此更可能是个世界终结的问题。对此，唯一可能的拯救就是建立一个保证所有人和所有国家都能够受益的世界制度，创造一种改变竞争逻辑的新游戏，即一个具有普遍兼容性和共在性的世界体系。

这就是天下体系的当代性，也许应该说是未来性。

1　参见Nassim Nicholas Taleb: *Antifragile*. London: Random House, 2012.（纳西姆·尼古拉斯·塔勒布：《反脆弱》，中译本2014年由中信出版社出版。——编者注）

2 康德问题与亨廷顿问题

康德意识到战争对于人类社会的致命威胁，因此提出了“永久和平”问题。康德问题在他的时代是非常超前的，事实上当时的欧洲列强深陷于雄心勃勃的世界瓜分与竞争中，战争的诱惑超过和平的诱惑，一直到两次世界大战之后，和平的诱惑才终于超过了战争的诱惑。其实我们很难断定，和平意识超过战争意识到底是因为两次世界大战的教训还是因为核武器的毁灭威胁。

康德的和平理论中既有一个理想主义幻想也有一个现实主义设想。其理想主义的幻想是由“世界公民”组成的“世界共和国”，这意味着把世界变成一个超大规模的国家。康德自己否定了这个不切实际的幻想，理由是，世界国家不可能成为每个国家的愿望，恐怕各国都不会同意被兼并为一个大国；而且，假如世界真的变成一个国家，也更可能演变成为专制国家。于是，康德推荐了一个在理性上更保险的和平方案，即一个由“自由国家”组成的和平联盟。[1]

1　参见康德：《世界公民观点下的普遍历史观念》和《永久和平论》，见康德的《历史理性批判文集》，北京：商务印书馆，1997 年版。

在当时，自由国家指的是区别于专制国家的共和国。自由国家联盟之所以被认为是和平的，关键在于自由国家具有非专制的相似制度、政治文化和价值观。康德理论的现实版本是欧盟。

康德理论无疑是伟大的，但其和平条件的局限性却使之无法解释和解决世界规模的和平问题。首先，康德和平的实现条件是各个国家的制度和价值观的同质性。这个条件在世界范围内无法被满足，世界上众多国家具有不同文化、价值观和政治制度，很难想象把所有国家都变成同样性质的国家，更不可能想象统一各种文化和宗教。因此，康德方案的最大适用范围是文化相同或高度相似的地区，比如欧洲，却不可能用于解决世界和平问题；其次，政治和文化同质的国家在利益上未必是无冲突的，康德和平方案只是国家之间的国际协议，并不是超越了国家利益的共同利益体系，因此不能确保各国不会发生严重冲突或互相伤害。康德相信自由国家之间能够理性地解决分歧，这个信念在当代被重新叙述为民主国家之间没有战争的故事。这个故事并非没有疑问，但这并不重要，问题在于，即使没有诉诸武力的战争，也可能有诉诸其他手段的变相战争，比如金融战争，或者其他严重损害别国利益的博弈。国家利益与生存密切相关，不可能因为政治文化的相似性而消失。

康德方案有可能促进地区合作，但很难解决国际冲突，尤其对付不了全球化以来的新冲突，特别是对付不了亨廷顿提出的文明冲突问题，比如巴以冲突、西方与俄罗斯的对立、西方与中东的积怨、中美矛盾等等问题。亨廷顿关于文明冲突的论述，比如对世界上主要文明的分类以及对各种主要文明性质的描述，虽多有可疑之处，但他提出的问题却是一个深刻的有效问题。政治制度的相似性显然不足以克服文明冲突，这意味着，政治意识形态的对立不如文明冲突那么深刻，因此，冷战结束不是历史的终结，而是历史的新阶段。在这一点上亨廷顿确有远见，世界的冲突变化也已经证明“历史的终结”是一个过于急切而虚妄的断言。不过，文明的冲突是否就是最深层的冲突，这却仍然大有疑问。在出现了一些符合亨廷顿预见的文明冲突现象之后，一种变相的冷战却又重新出现，这次措辞变了，不是共产主义与自由主义的冷战，似乎称作专制国家与民主国家的冷战。但这并不意味着冷战模式的回归，而更可能提示着，世界上所有种类的矛盾，无论是意识形态的冲突还是文明的冲突，无论是国家利益的冲突还是阶级的冲突，尤其是权力和利益的冲突，从来都没有消失，只不过每个时期的主要矛盾有所不同。也许还需要考虑到，正如政治制度的相似性不足以克服矛盾和冲突，文明的相似性也同样不足以消除矛盾和冲突。事实上，具有相似文明的国家之间很少因为文明的相似性而在权力和利益问题上做出更多的让步。这一点没有否定文明冲突问题的重要性，但说明了文明冲突未必是最深刻的冲突。既然各种矛盾在不同条件下可以轮流成为主要矛盾，那么，真正的问题不是哪一种矛盾更为重要，而是什么样的秩序能够使任何一种矛盾都不至于发展为战争或致命的冲突。

现代人指望能够通过理性对话去解决分歧，并且发展了对话理论。按照想象，对话是成本最低的博弈，其本质是以讨价还价代替真刀真枪的较量。理论上说，假如理性对话足以解决冲突问题，那么，康德和平即使不能成为世界和平也至少能够成为地区性的“永久和平”。不过，语言博弈代替行为博弈的有效性一直都只是一个良好愿望。事实表明，语言无法替代行为的较量，对话只能解决一些无足轻重的分歧。

也许对话的有限性是因为通常的对话并非充分理性的。假如对话是充分理性的并且具有真正的善意，是否就能够有效地解决冲突问题？这里可以参考哈贝马斯想象的在理想言说条件下的理想对话，即具有充分理性的、充分平等的、充分真诚而坦诚的对话。哈贝马斯的理想对话近乎乌托邦，甚至过于天真而适得其反，比如，哈贝马斯要求对话必须“说真话”，但真话不仅未必能够解决问题，反而有可能是灾难性的。不过，乌托邦性质还不是根本困难之所在，哈贝马斯的理想对话的真正局限性在于忽视了一个根本问题：那些涉及生存根本利益的事情，无论对话多么理性，都仍然是不可让步的；还有那些涉及生存意义的事情，比如宗教、精神和价值观，也很难通过对话而达成互相接受。充分理性而有善意的对话所能够达到的理论极限是互相理解，或者互相同情，但绝不会因为互相理解或同情而达成否定自己生存利益和生存意义的让步，这个局限性可以概括为“互相理解不能保证互相接受”[1]。其中的困难在于，“思”（minds）的互相理解不能必然推出“心”（hearts）的互相接受，也不能推出“身”（bodies）的利益一致，所以不存在从互相理解到互相接受的必然转换。

罗尔斯被认为继续和发展了康德的思想，他提出的新版“万民法”（law of peoples）[2]的确涉及了康德和平理论没有考虑的一些更大规模的政治问题，但很难想象康德会同意，因为罗尔斯的设想在许多地方有悖于康德的普遍善良原则。在国际政治方面，罗尔斯的理论并不突出，远不及他在《正义论》里表达的国内政治理论。在这里讨论罗尔斯的国际理论，是因为他的国际理论与国内理论在公正问题上形成巨大反差，因此典型地表现了国际政治的理论局限。在罗尔斯看来，国内社会的公正原则不适用于国际社会，尤其是分配公正的一条照顾弱者的“有别原则”（difference principle，通常翻译为差异原则）被认为万万不能在国际上使用。有别原则在经济上采取偏向弱势群体的

1 参见我的论文“Understanding and Acceptance”（载*Les Assises de la Connaissance Reciproque,* ed. Alain Le Pichon, Paris:Le Robert, 2003.），其中有对哈贝马斯交往对话理论的批评。

2 罗尔斯:《万民法》，长春：吉林人民出版社，2001 年版。

利益分配，这是维持社会秩序所必须付出的成本或投资，否则，陷于生存困境的弱者很可能成为秩序的破坏者。有别原则是保证一个社会免于退化为弱肉强食状态的一个条件，罗尔斯在国际社会中取消了有别原则，就等于取消了国际公正。在一个弱肉强食的世界里，弱者显然没有义务去维护强者的压迫和剥削，很可能会采取不择手段的反抗，从而形成一个危险的世界。罗尔斯想到的解决方法居然是干涉主义，他说，在必要的情况下，可以“强行制裁甚至干涉”不合作的国家。理由是，“在万民法之下，自由和合宜的人民有权利不去宽容法外国家”[1]。这种毫无新意的主张只不过就是现代的新帝国主义，这绝不是康德能够承认的国际原则，事实上康德已经提前否定了罗尔斯的国际理论：在国家之争中，“双方中的任何一方都不能被宣布为不义的敌人（因为这就得预先假定有一种法庭判决）”[2]。显然，没有人可以有单边特权去预设正义审判。

在试图解决国际冲突和维护世界和平的努力上，联合

1　罗尔斯:《万民法》，长春：吉林人民出版社，2001 年版，86 页。

2　康德:《历史理性批判文集》，北京：商务印书馆，1990 年版，102 页。

国是一个伟大成就（在《天下体系》[1]一书中，正如Stephen C. Angle指出的，我对联合国的理解不够全面，评价偏低了[2]）。然而，联合国终究只是一个从属于主权国家体系的国际协商组织，并不是一个世界管理机构，更不是一个世界政治制度。联合国仍然受限于“国际性”而无法达到“世界性”，因此，联合国的所有规则都不是世界制度，而只是国际规则。联合国为各国进行谈判和讨价还价提供了一种公共协商空间，是一个试图化暴力为交易的制度，是和平理想与理性对话概念的混合产物。通过联合国而得到令各方满意的解决的基本上都是不太严重的争端，而在涉及国家重大利益的事情上，联合国所形成的决议或协议就很难达到各方满意了。更深刻的困难还在于，甚至没有人对公正感到满足。既然每个主权国家都追求利益最大化，就很难把公正的事情看成是“公正的”，也很难满足于公正的事情。为了调和分歧，联合国已经尽其所能，但其制度力量终究有限。对话和调停无疑减少了战争，但从来无法减

1 赵汀阳：《天下体系》，南京：江苏教育出版社，2005年版。

2 Stephen C. Angle: *Contemporary Confucian Political Philosophy*. Bristol: Polity Press, 2012, p.79.

少冲突和矛盾，即使各方达成某种均衡，通常也只是非合作博弈的纳什均衡，很少是人们幻想的“双赢”。我们没有理由批评联合国，因为联合国终究是一个缺乏实权的组织，本质上只是一个协商机构而非权力机构，尤其是没有高于主权国家的政治权力，自然也没有能力阻止帝国主义集团的行为以及对世界的支配。因此，联合国远远不是一个世界治理模式，也没有能力去超越主权国家体系。归根到底，联合国的概念并不是一个高于主权国家概念的世界概念。Stephen C. Angle有一个建设性的想象，他相信，改变联合国的性质而发展为天下体系是一个比较经济的路径：“比起废除现有机构从头草创，设法把现有国际机构转化为名副其实的全球机构，应该更容易实现目标。”[1]不过，由于联合国在本质上受制于现代主权国家体系的政治逻辑，恐怕很难脱胎换骨地转化为一个属于世界的世界制度。我相信，如果天下体系将来成为可能，它的基础更可能是全球金融系统、全球技术系统和互联网这些真正有实权的机构或组织。或者说，把全球金融系统、全球技术系统和互联

1　Stephen C. Angle: *Contemporary Confucian Political Philosophy.* Bristol: Polity Press, 2012, p.79.

网变成世界共享共有共管的全球系统，才是实现天下体系的一个重要条件。

当然，未来世界的首要问题在于如何改变政治行为的逻辑和政治思维模式。如果没有精神上的革命，物质的革命或许只会使世界变得更加危险。

3 两种外部性：天然的和被建构的

政治的逻辑是由政治秩序及其思维模式所决定的，而政治秩序和思维模式最终是由权力的政治单位所决定的。从现代之始直到今日，政治的逻辑是由“个人”和“国家”这两个有着关键作用的政治单位决定的。由于缺少“天下”这个政治单位，因此，政治逻辑的最大有效范围就仅限于国家，世界被遗弃了。正如已经讨论过的，国际政治是附属于国家政治的对外延伸，只是服务于国家，并不服务于世界，因此，现代政治注定不可能违背自身的逻辑而发展出世界政治。严格地说，我们期待世界政治的理由并不是出于一种追求“最好可能世界”的理想，也无法断言世界政治必然是一种更好的政治（一种政治是否更好，是一个取决于语境的问题，并无普遍标准），而是因为人类的生活已经发展到了必需世界政治的地步，否则将难以保证人类普遍需要的安全、共在与合作。就是说，世界政治是一种客观需要，而不是一种价值观。在这里，我们只讨论政治逻辑的有效性。

从根本上说，政治是为了解决人类生活的安全与合作问题，也就是为了解决负面“外部性”的问题，因此，政治试图建构一种秩序去平定外部性导致的冲突，以秩序去化解外部性的负面作用而形成合作。作为自然事实，在每个人之外，或者在一个“自己人”群体之外，都必然存在着互相限制自由行为的具有天然外部性的他人。这是荀子、霍布斯理论以及大多数的初始状态理论所承认的客观事实。具有天然外部性的他人导致了生存竞争问题，正如霍布斯所描述的，生存竞争必定残酷激烈。不过，生存竞争虽然惨烈，其冲突却并非不可化解，这是天然外部性的一个重要特征。理论和事实都说明，尽管有过许多毁灭性的零和博弈事例，但生存竞争仍然有希望止于某种理性的博弈均衡，无论是合作的均衡还是非合作的均衡，都是某种被承认的或默认的利益瓜分。这意味着，生死存亡的竞争并不必然追求生死存亡的决战，而更可能追求某种可以接受的利益分配。

按照初始状态的自然逻辑，至少存在两种政治演化的可能性，因此发展出两种政治逻辑：（1）荀子模式：以合作的利益为诱惑而将外人化为内部成员，因此得以建立稳定合作的秩序。这是内部化的逻辑。（2）霍布斯模式：强者建立强权统治而使外人服从霸权秩序。这是外部征服的逻辑。事实上，这两种政治逻辑总是同时存在于任何地区的政治发展中。从历史事实去看，内部化的逻辑更具中国思维风格，而征服的逻辑更具有欧洲思维风格——这只是经验事实，并非必然原理。如果从历史的长时段去看，特别是把未来考虑在内，可以看出存在着“制度趋同”的现象和趋势。随着各地各国的政治经验和制度设置逐渐成为可以互相参照的可分享知识，各国政治都通过取长补短而逐步变成混合多种因素的制度。今天世界各国的政治制度就已经有了明显的混合因素，以至于难以简单地命名为资本主义或者社会主义或者别的什么，比如说，欧洲、中国和美国的制度都有着资本主义和社会主义因素，尽管比例和配方有所不同。制度趋同的深层原因是，利益分配并非不共戴天的斗争，没有必要成为你死我活的决战，因此一个社会总会逐步调整到“合理的”的分配方式上，而合理的制度总是部分相似的。这意味着，在最严重的生存问题上，人的选择反而最可能是理性的，也更有希望建立合作关系或达成和解。相反，在一些无关生死存亡的事情上，人类反而拒绝合作。

最难以和解甚至不共戴天的冲突往往就来自与生存竞争并无直接关系甚至毫无关系的文化冲突。这让人想起亨廷顿的见解。他者文化或文明的外部性，就其本身的性质而言，并不是一种对自身生存的致命威胁。文化差异意味着不同的精神世界，而精神世界的差异并非零和博弈，即使互相完全不感兴趣，至少也可以“各美其美”（费孝通的说法），甚至也可以不相往来而不影响生存。显然，忍无可忍的他者文化的外部性是被人为建构出来的，就是说，他者文化并没有天然的负面外部性，只有被建构出来的负面外部性。历史早期，一些文化由于地理间隔而没有交往，但一旦有机会交往，文化之间的有益互动是自然而然的事情，或互相影响，或互相融合。可以说，早期的文化基本上不设文化边界，具有明显的流动性和演变性。文化之间如何演变成互相敌对的关系，这是个需要解释的问题。

每种文化都是一个精神世界，这个精神世界又是对万物万事的解释系统。不同的精神世界本来就有着解释的差异，但这种差异无关对错，只是不同的视野，视野的分歧并不至于导致羡慕或嫉妒，因为每种文化都自美其美，都满足于自己的文化，没有必要去仇视他者文化的解释，而是互相泰然处之。即使文化之间出现互不信任的情况，也不存在因文化差异而发动战争之必要。仇视他者文化至少需要出现两个排他性的因素：（1）独断论。即相信自己文化的精神世界是唯一真实的，而其他的精神世界是虚假的。这是一个知识论谬误（epistemological fallacy），它把真理的概念滥用于价值观领域。（2）独尊权力。即认为自己文化的精神世界既然是唯一正确的，就必须拥有价值裁判权力，并且有着取代其他精神世界的权力，或者有着使其他精神世界皈依改宗之使命。这两个因素缺一不可。

在诸种文化中，只有一神教才能产生文化独断和独尊的要求。不过，并非所有的一神教都兼备这两个因素，比如，犹太教虽是一神教，却是特殊主义的一神教，只限于“上帝的选民”而不及他人，因此只具有独断论的信念，却无独尊之普遍权力要求。真正的历史转折点是基督教的出现。基督教把犹太教的特殊主义一神教转变为普遍主义的一神教，终于兼备了独断与独尊的双重性质。基督教通过政治的“四大发明”而创造了精神政治学，“四大发明”即宣传、心灵管理、群众和精神敌人[1]。自此，其他文化就被认为是不可容忍的异教，是不共戴天的精神敌人，必须被排斥或皈依。基督教既是西方自认“普世文明”的基础，也是导致文化敌对的真正原因。在这个意义上，可以说基督教是一个有着世界性影响的“绝地天通”事件[2]，即试图废除各地文化的通神权利，取消各地文化的神圣性，独占整个世界的通神权利。

基督教试图一统精神世界的大业并没有真正成功，结果导致了世界的精神战争，也就是亨廷顿想象的文明冲突，也形成了卡尔·施米特概括为“敌人识别”的政治模式。自从基督教征服了希腊文明之后，西方就形成了异教识别的斗争逻辑，从此把世界看作是互相对立的和战争性的，

1 细节请参见本人在《坏世界研究》中的论述:《坏世界研究》，北京：中国人民大学出版社，2009 年版，200~210 页。

2 见本书第一章第七节“天命”中对“绝地天通”历史事件的论述。——编者注

以征服世界的使命而毁灭了“世界”概念的先验完整性，世界本身失去了神性，变成一个用来普遍实现基督教的场所，或者说，世界本身不再具有主体性，而只是一个对象。因此，世界中的万物或者其他人民也失去了自己的历史，任何历史和文化在变成基督教文明的一部分之前，都是被抛弃的无意义存在过程。基督教的神学逻辑后来被广泛地应用于各种俗世版本中，比如说，在被现代西方“普世文明”启蒙之前，其他地方就被认为一直是蒙昧的；在被共产主义解放之前，其他地方的历史就被认为一直是黑暗的；在实现民主之前的社会也一直都是苦难的，如此等等。如果世界只有一种精神，就会失去世界的世界性（the worldness of a world）。世界的本质不在空间大小，而在于丰富性。如果缺乏多样存在，就不是世界，无非一物而已。春秋时期关于同与和的争论已经说明了这个道理：如果万物都是同样的，那么万物“同”于一物，相当于一个事物的复制；只有多样事物才能构成“和”，才有世界。假如世界统一为一种宗教、一种价值观、一个精神世界，世界在空间上虽然广大，在精神上却缩小为一种事物，就不成其为世界了。

以一神教的神学逻辑作为政治逻辑，从而建构出文化的外部性，与他者文化构成不共戴天的敌对关系，这是政治的不成熟。只有建立在“和”（compatibility）的基础之上的政治才是真正的政治，而建立在“同”（universality）的基础上的政治只不过是统治，统而无政。政治的概念有着比统治和权力更深刻的含义，如果政治不能实现一种“配天”的秩序，即能够促进万物生长的“生生”秩序（let all beings be in becoming），或者说促进存在之丰富性的“富有”秩序（richest variety of beings），就不是真正的政治。政治虽然运用权力，其目的却不是权力，而在于创制具有兼容性的存在秩序而让万物得以生长。政治必须配天，而不是配神。

每种文化的精神世界都有其神圣性。每种文化中的神圣事物所解释的不是生存的利益，而是生存的意义。一个精神世界里具有神格的河山、大地、草木，还有历史故事和人物，构成了不可摧毁的超时间存在。正是这些具有神格的山河和历史使一个民族具有可分享的灵魂，也是一种文化的集体动员能力之所在。每一个精神世界的内在神圣性使之具有不可征服的超越性，但不同的精神世界之互为外在性并不必然意味着敌对关系，唯有普世主义的一神教试图一统世界才会形成精神世界的敌对。与一神教的精神大一统世界观相反，天下概念的世界观能够容纳一切精神世界，让每一个精神世界各有安身之处而各不相害。在这个意义上，天下是一个可以容纳复数可能世界的世界（an inclusive world of possible worlds），不是精神的大一统世界观，而是存在的大一统世界观。

以一神教的神学逻辑作为政治逻辑的西方文明挑动了现代的文明冲突。正如亨廷顿所承认的，西方对其他地区的文化挑战是“单方面的”，而且，“西方赢得世界不是通过其思想、价值或宗教的优势（其他文明中并没有多少人皈依西方文明），而是通过有组织地运用暴力的优势”，结果是，到1914年，西方人统治了84%的地球土地。[1]然而，正如天下理论所表明的，以征服去占有物理世界，也不可能占有精神世界，这一点决定了征服的逻辑总会走到其逆转点。历史上许多伟大帝国的兴衰似乎说明了兴衰有其不可避免的命运，但这只是一个神秘主义故事。我们这里所

1 塞缪尔·亨廷顿:《文明的冲突与世界秩序的重建》，北京：新华出版社，1999年版，36~37页。

说的“逆转点”不是神话，而是反抗性的均衡的出现，或者说是对称的反制策略的产生。其中一个关键条件是，现代的博弈策略、技术、组织性以及社会动员方式逐渐变成为可分享的“共同知识”，这意味着有效的反作用力成为可能；或者说，被压迫者获得了有效的报复能力，从而有效地抵消或解构了帝国主义的优势。导致帝国主义政治逻辑的失效可能需要多个逆转点才能见效，首先是第二次世界大战之后世界纷纷出现的主权国家，这意味着殖民主义的终结；其次是冷战形成的核武器均衡，所谓确保互相摧毁，这个均衡暗含极端的危险；再有，非国家组织的恐怖主义的出现，这是全球灾难的预言；也许，最重要的逆转点是以互联网为标志的全球化运动，这是一个具有积极意义而值得乐观的变化。这些逆转点意味着帝国主义将是一种不可持续的政治。

4 边界与无外

现代政治的标志特征就是“边界”，或者说，现代政治的基本原则就是对一切事物进行可明确定义的“划分”，结果产生了各种法定的边界。其中最具影响力的边界是个人权利和主权国家：个人权利定义了个人的边疆，主权定义了国家边界。当然，划分事物并非现代的发明，也并非欧洲文化所特有，所有文明都有不同程度的划分传统，但只有现代政治的划分方式才深刻地改变了生活和世界。

现代政治的边界划分至少有这样几个改变了生活的性质：（1）明确性。传统的划分往往不够明确，通常是默认的习惯划分，总是留出了许多可争议的空间；现代的各种边界则是通过法律认证的可以清晰定义的划分，从而明确了每种存在的权利和义务、权力和限度。（2）封闭性。既然传统社会的划分不够明确，就很少形成一个完全封闭的边界，就是说，传统的划分足以明确一个事物的特征，却很难与另一个事物彻底划清界限。在逻辑上说，传统划分意味着"这个事物至少具有特性a、b、c"，但这个描述并不排除还有与a、b、c可能不一致的其他特性。现代的划分意味着"这个事物具有特性a、b、c、d，并且排除其他任何与之不一致的性质"。（3）主权。可以明确定义的封闭性边界建构了边界内部的全权，也就是主权。主权的最小政治单位是个人，最大的政治单位是国家。主权的哲学基础是主体性，个人权利和国家主权都具有主体性。不过，并非所有具有主体性的存在都拥有被承认的主权，比如，现代政治并没有确定文化主权。这是意味深长的问题。

边界建构了与其他存在划清界限的独立存在。如前所述，政治单位决定了政治思维和政治秩序，既然现代的政治单位（个人或国家）是与他者划清界限的独立存在，其思维模式就注定是优先谋求排他利益的最大化；或者说，排他利益必定优先于共享利益。按照这一逻辑，除了合作者，每个他者都具有不同程度的“负面外在性”，于是各个独立单位之间的冲突是不可避免的，而且利益最大化是个没有尽头的过程，因此冲突永远不可能消解。个人之间互为外部性的问题已经由国家解决了，国家建立了法律秩序所界定的社会，从而把个人之间的外部性化为内部问题。但是，对于所谓国际社会来说——这个概念其实不准确，国际空间根本就不是一个社会，情况就完全不同了。国际“社会”在表面上有着国际法以及其他各种国际协议和组织，但实质上仍然是一个潜在的霍布斯丛林状态。在国际问题上，边界是个悖论：一方面，边界明确了各自不可侵犯的主权，因此边界意味着互相承认的利益分配；另一方面，只有破坏他者的边界才能够获得更大的利益，因此自身边界之外的所有地方又被默认为可以掠夺的公地。在主权国家体系中，如果一个主权国家足够强大，按照利益最大化的逻辑，它就会发展成为帝国主义——这是现代的故事，请耐心，现代故事正在过去，更可怕的后现代文化正在以伪善去纵容罪行和恐怖活动。

先继续现代故事。帝国主义的本质就是把世界所有地方都理解为可以任意掠夺的公地，具体地说，欧洲和北美以外的“世界其他地方”，包括亚洲、南美、非洲在内，都被默认为可以剥削的公地。这种以大英帝国为典型的帝国主义模式一直持续到第二次世界大战结束，在这个意义上，我们可以把第二次世界大战的结束理解为帝国主义政治逻辑的一个逆转点。随着殖民地、半殖民地以及其他受压迫的传统国家变成了主权国家，并且模仿了欧洲国家的制度、技术和策略而具有一定程度的反击或报复能力，至少是不合作的能力，直接占用世界公地的现代帝国主义策略就不再是最佳策略了，因为世界已经充满了主权国家，不再有公地了。于是，继任世界领导的美国帝国主义对帝国主义进行了制度创新，把现代帝国主义转变为全球化帝国主义。

美帝国主义继承并且强化了现代帝国主义部分仍然有效的策略。现代帝国主义的殖民体系已经不可能了，但是不平等的国际贸易体系仍然有效，这是大英帝国的一个遗产；另外，以英语作为载体的知识霸权和不平等传播体系也仍然有效，这是大英帝国另一个更重要的遗产。这个知识霸权体系通过占有传播方式和垄断话语规则而推广了关于一切事物、社会、历史、生活和价值的一神教叙事，切断了其他文化的知识和历史筋脉，将其他精神世界解构为无意义的碎片，使其他精神世界失去神圣性和完整性，以进步论的信仰（一神教的一种俗世版本）否定其他一切历史的历史性，把世界划分成中心和边缘，划分为“有历史的和进化的”世界和“没有历史的或停滞的”的世界，最终以这种不平等的叙事造成其他地方的知识和精神的退化，甚至使其他文化传统和精神作废。美帝国主义明显深化了现代帝国主义对其他国家的政治霸权、经济支配和知识霸权，从而形成世界全方位“依附”美国的格局，[1] 按照美国自

1　所谓“依附”，就是指“一些国家的经济受制于它所依附的另一国经济的发展和扩张……依附状态导致依附国处于落后和受统治国剥削这样一种局面”。参见特奥托尼奥 · 多斯桑托斯：《帝国主义与依附》，北京：社会科学文献出版社，1999 年版，302 页。

已喜欢的说法则是“美国领导”(American leadership)。这种“美国领导”被约瑟夫·奈(Joseph S. Nye)生动地解释为“硬力量”和“软力量”的双重领导,[1] 即由美国领导和操纵的全球政治权力体系、全球资本与市场体系和全球话语市场体系。

美帝国主义另有两项超越主权国家体系而具有“世界格局”的发明,一个是金融霸权,另一个是高于主权的人权策略。据乔良的分析,美国通过美元霸权而建立了历史上第一个“金融帝国”,这是一个全新的天才发明:1971年,美元与黄金脱钩,布雷顿森林体系瓦解,“美国在全世界推广了一场堪称完美风暴的运动——全球化,在纸币美元基础上建起了一个史无前例的金融帝国。这一帝国的触须伸向地球各个角落,在每个地方都机械般上演同一个来

1 约瑟夫·奈呼吁美国加强它的软力量以补充其硬力量,尽管美国已经是“自罗马帝国以来最强大的力量”,但单靠硬力量还不足以“在世界上为所欲为”。参见 Joseph S. Nye: *The Paradox of American Power: Why the World's Only Superpower Can't Go It Alone.* London: Oxford University Press. 2002.(约瑟夫·奈:《美国霸权的困惑》,中译本 2002 年由世界知识出版社出版。——编者注)

复式动作：美元流向世界，财富流向美国”[1]。美元霸权不仅以控制世界交易和财富的结算方式而直接牟取暴利，同时确保了美国的资本来源和支配地位。其中有一个能够让财富无中生有的奇妙转换：无敌的军事力量转换为美元的信誉，美元的信誉保证了美元的出口，美元的出口换回了无数财富。美元霸权成为了一种纯粹而彻底的资本主义剥削，以虚拟的“资本”实现全球剥削。一旦遇到挑战，美国就以美元的资本优势发动金融战争，沉重打击其他货币或其他地区经济，甚至武力干涉。按照乔良的推断，近二三十年来美国发动的几次战争都是维护美元霸权之战。

美帝国主义的另一项发明是人权霸权，其标志性口号是“人权高于主权”，于是，以人权为名就可以“合法地”干涉、遏制、操纵其他国家，甚至发动战争。在理论上说，人权的确是突破民族国家体系的一种普遍原则，但却被用于维护美国的特殊利益，其中的霸权技艺在于“化普遍为特殊”，即美国拥有对普遍价值的特殊解释权。这项“化普

1　关于美元霸权的论述参见乔良:《美国人为何而战》，见《中国青年报》2011-02-25(9);《金融与战争：美元霸权与中美棋局》，见《国防参考》2015 年第 11~12 期。

遍为特殊”的技艺之高明堪与当年基督教“化特殊为普遍”的技艺相比：圣保罗将基督教的特殊信念以及耶稣受难又复活的特殊故事解释为对世界的普遍拯救，从而使基督教获得普遍品格；今天美国依靠经济和军事的压倒地位而把普遍人权观念的解释权收归已有，使普遍观念的解释权私有化，也就是以“硬权力”作保而占有“软权力”。这相当于基督教一直未能完成的神权大一统梦想。从“化特殊为普遍”到“化普遍为特殊”的两次转换，这是实现一国统治世界的蛇吞象策略，高明之处实在令人赞叹。

在这个全球化帝国主义游戏中，美国不仅由于强大实力而成为游戏赢家，而且还成为了唯一有权选择游戏种类的主体，以及游戏规则的唯一制定者。于是，美国成功地成为世界游戏中唯一的法外主体，集参赛选手、游戏规则制定者和游戏类型指定者三个身份于一身。美国也因此成为世界上唯一超越主权国家体系而拥有双重边界的特殊国家。“双重边界”指的是，国际共同承认的主权有形边界以及美国单方面建立的权力无形边界，包括着美国实际控制或支配的覆盖了世界大部分地区的国际体系，特别是金融体系、传媒体系、互联网和话语生产体系，当然还有覆盖全球的军事力量，就是说，美国的无形边界纳入了世界大部分地区。美国霸权如此成功，以至于几乎有条件去创造一个接近于天下体系的世界体系，可是为什么“美国治下的和平”虽仍然属于盛期，却终究难以为继，反而开始缓慢地失去权威？尽管有大量关于美国可能衰落的分析，但基本上都属于传统的兴衰理论，主要都是关于策略性失误或者外部挑战的研究，而没有承认真正的原因是帝国主义本身的逻辑局限性。

帝国主义虽有统治世界的雄心，却没有一个以世界利益为准的世界观而只有国家观，只以国家为最高主体而把世界看作是统治对象。因此，无论帝国的支配力扩展到什么程度，其利益和价值观都仅限于国家尺度，这就是帝国主义逻辑的局限性。可以说，只要缺乏“天下无外”的世界观，就没有希望建立一种真正的普遍秩序。正因为缺乏“天下无外”的世界观，帝国主义就从根本上颠倒地理解了普遍秩序得以成立的条件，误以为普遍性（universality）来自于普遍化（universalization），这是一个致命的误解。无论在逻辑上还是事实上，普遍性应该是普遍化的条件，而不是相反；就是说，只有普遍性才能够被普遍化，普遍性绝不可能来自普遍推广。这正是单边普遍主义与兼容普遍主义的根本区别所在，也是帝国主义的世界体系与协和万邦之天下体系的根本区别所在。

天下概念的根本意义在于它说明了，一个“无外”的世界，即一个只有内部性而没有外部性的世界，才是普遍秩序得以成立的存在论条件。这意味着，如果一种世界秩序要成为普遍的，前提是世界的内部化，就是说，内部化是普遍性的存在论条件，只有实现了世界内部化才可能建立普遍秩序，才能够进而使普遍秩序得到普遍化；反过来说，只要存在政治的外部性，世界就不成其为世界，世界的普遍秩序就无从存在。在缺乏一个内部化世界的条件下，试图把自身的秩序推广为普遍秩序，必定遭遇到外部存在的反抗。因此，世界秩序的建构首先需要承认“天下无外”的先验概念，然后以世界内部化的政治逻辑去建立世界普遍秩序。

拒绝“无外”原则的任何政治逻辑必定追求排他利益的最大化，因此必定把世界分裂为剥削者和被剥削者，分裂为统治者和被统治者，这正是对外部性的建构，是与“无外”的内部性正好相反的逻辑。帝国主义的政治逻辑之所以不可能最后成功，就在于它必定遇到自身无法克服的一些困难，这些困难往往是悖论性的。其中至少会遇到这样几种困境：

（1）荀子悖论，也可以称作合作者悖论。合作能够产生在绝对量上的更大利益，所以人人需要合作，但是，假定人必定追求自身利益最大化（“经济人”假设），就必定产生分利不公的问题而导致冲突或合作破裂。这个困境只有在一个内部化的政治单位中才能够得到解决。现代理论和历史事实都说明了，一个内部化的政治单位，无论是国家还是共同体甚至黑帮，其分利不公的问题都有可能通过建立具有法律效力的分配和产权制度加以解决。这里的问题是，在世界成为一个内部化的政治存在之前，在世界上不可能存在一种普遍承认的利益分配制度，因此，任何一种强加于人的霸权主义游戏规则必定被持续的抵抗、反抗或者不合作所解构，除非通过压倒性的暴力或技术优势加以维持，而暴力策略又将遇到更大的困难。

（2）模仿者悖论。根据前面我们的“策略模仿测试”，在一个不可能垄断知识和技术的博弈环境里，任何一个具有竞争力的博弈策略都会在长期博弈中变成共同知识，每个博弈方必定都模仿最具竞争力的策略，其结果必定形成某种囚徒困境式的均衡，甚至共同毁灭。关键在于，追求排他利益最大化的策略，或者诉诸暴力的策略，必定经不起普遍模仿的考验，也就是经不起报复行为，因此不可能建立普遍承认或普遍有效的游戏规则或制度。这意味着以霸权逻辑去建立普遍秩序必是悖论性的，它在试图建立秩序的同时也建构了秩序的反抗者。

（3）独家解释权的悖论。通过控制表达精神的媒介似乎能够占有关于精神、价值和真理的独家解释权，却难以保证独家解释的威信。问题出在独家解释的策略上：为了证明霸权的正当性而以正当的概念去描述和解释各种霸权行为，比如，以和平、人权和解放之名去发动战争，以自由和民主的名义来摧毁自由和民主，以人权的名义去否定其他人的人权，以政治正确去否定传统价值，等等。这样就使正当概念变成了蕴涵一切罪恶的概念，于是形成解释权的悖论：假如好的概念蕴涵一切行动的合法性，那么，好的概念就自动消解，因为“好”必定蕴涵“坏”。我们知道，有个逻辑定理是“假命题蕴涵一切命题（包括真命题）”。这在逻辑上是个正确定理，但与此结构相似的政治解释却是灾难性的：假如正当概念蕴涵一切行为，那么只能证明正当概念是假概念。换个角度说，假如我们声称有个逻辑规则是“真命题蕴涵一切命题（包括假命题）”，那么这个规则就会自动崩溃——如果真命题蕴涵着假命题，那真命题就不可信任了。与此同构，如果正当概念蕴涵一切行为的理由，正当概念也就蕴涵罪恶，那么，正当概念同样会崩溃。

以个人、民族、国家、宗教作为政治单位所定义的政治逻辑之所以很难发展出普遍共享的世界秩序，也很难解决世界规模的问题，就是因为这些边界性的概念本来就不为世界着想，也不是为世界所准备的概念。在全球化条件下，世界将需要一种能够保证利益共享的普遍秩序，否则世界将无法承担后帝国主义时代的失序，当帝国主义秩序减弱到形同虚设，世界将毁于各种难以想象的恐怖行动、宗教运动或非理性冒险。所以，未来的世界非常需要一种新的天下体系，或者说，世界需要变成天下，才有可能保证世界安全。只有以“天下无外”的逻辑把整个世界变成只有内部性而没有外部性的天下，才有希望建立普遍共享的世界秩序。

5 新天下的物质条件

将要被终结的是现代而不是历史。或许不知何时，历史会有个终结，或者永远没有终结，这不是我们所能够知道的。福山的历史终结早已被亨廷顿的文明冲突问题证明是一个过于急切的结论，但文明冲突只是一个尚未解决而又凸显的老问题，真正的新历史属于全球化开创的新游戏。虽然历史的终结尚无迹象，却是一个严肃的问题。这个问题源于基督教的想象，然而基督教的想象只是历史终结的一个可能版本。假如将来某个时候历史终结，恐怕未必有善恶最后决战，未必有神的最后审判或最后拯救，更为现实可能的版本或许是人类的终结，是人类自杀性的终结，是人类对自己的没有拯救的最后审判，这个最差版本却是在逻辑上最大的可能性。人类的自杀性运动始于现代性，始于人试图成为一切事物的主体，始于人试图成为神，始于人把人的贪心重新解释为正当权利。

现代性首先承认了自私的合法性，把理性行为定义为以逻辑一致的方式去追求自身利益的最大化，这个现代原则必然地蕴涵了一切坏事：自私本来就已经蕴涵一切坏事的可能性，而自私的合法化则蕴涵一切坏事的必然性。现代性的另一个基本追求是征服自然和无限发展，这种进步论思维极大地增加了人类行为的风险，不仅增强了自相残杀的能力（核武器、生化武器、电子武器、基因武器等），而且增加了因为突破自然限度而导致人类灭亡的可能性（基因工程、智能机器人等）。科技预言以及科幻故事未必成真，但这些虚构的预言和故事却暗含着人类的真实思维逻辑，它意味着，人类确实就是这样想的。一旦具有相应的技术能力，人类就非常可能做出那些危险的事情。科幻故事不是预言，而是人类心声的自白。

作为一种新游戏，全球化正在解构现代秩序，不仅包括政治秩序，也包括社会秩序和文化传统。全球化以来的科技加速度发展产生了有史以来人类社会最危险的一种不平衡状态：技术能力超过了秩序的自控制力。这种不平衡状态正在加剧，技术能力和秩序能力的差距正在迅速拉开，一方面是技术发展日新，另一方面是秩序能力递减。如果不能及时建立具有足够控制力的世界秩序，一旦技术能力达到临界点，能力就直接转变为权力，当人的能力逼近上帝之时就是人类的灾难临界点，就是末日。进步论者总是乐观地拒绝此类耸听之危言，但此种乐观全凭信念，毫无担保。人为什么不可以成为上帝？未来之事没有证据之实，却有逻辑之忧。与上帝不同，人不是全知全能，并不像上帝那样拥有无数可能世界，并没有世界的备份，只是在一个有限世界里试图实现无限性，而这在现实里是不可能的。康托世界[1]只能存在于数学中，在现实世界里必定导致世界崩溃。无限性意味着无限多的可能性，也就意味着，对于人的有限能力而言，永远存在着一些无法预料也无法控制的因素。除非像上帝那样拥有与无限可能性对等的无限能力，否则，在有限现实世界里去实现无限梦想，必定导致有限现实世界的崩溃。对于人类来说，这种末日就是人类的自我审判，人类非常可能被自己创造而无法控制的力量所灭绝，或者灭亡于自相残杀，或者灭亡于自然的报复。

如前所言，以竞争为本性的现代游戏在兴起和盛世之时充满活力，其秘密在于，少数国家凭借技术上的不对称优势而得以瓜分和剥削世界。当全球逐步形成普遍的现代化，尤其是信息的迅速普遍化，被垄断的知识变成共同知识，不对称优势逐步消失，竞争游戏也就逐渐无利可图了。

1 康托世界是数学概念，即一个由康托的集合论定义的实无限世界。

我们已经进入全球游戏，可是新制度尚未形成，仍然沿用现代游戏的旧规则，这种不协调状态已经开始导致思维和行动经常失效。事实证明，以现代的思维和行为模式去对付新游戏和新问题不仅往往失灵，甚至适得其反，比如已经发生的全球金融危机、气候变化、恐怖活动、地区动荡等等各种危机，都使人一筹莫展。事与愿违是这个时代各种行动的一个典型状况，因此，世界之治已经成为一个急迫的问题。在全球化之前说到"人类共同命运"，或只是文学修辞，现在已经变成了真实的严肃问题。

目前全球游戏因其缺乏相应规则的状态而再次形成了一种"初始状态"（original situation），也就是现在所见到的缺乏稳定性而危机四伏的世界。在缺乏世界秩序的情况下，人类正在从事一些风险极大而后果难测的事情，特别是蕴涵着巨大能量的技术革命，即生物学、人工智能、互联网结合在一起的技术革命，非常可能彻底改变人类的存在方式，根据一些科学家的预测，这个天翻地覆的技术革命为期不远了。尤其危险的是，技术进步通常被认为是无可置疑的人类进步，然而，无控制的技术进步会不会导致巨大灾难甚至人类灭绝？在理论上说，技术本身或无过错，可是技术却可能形成无法抗拒的诱惑而使人类无法自控。人类的自信是最不可信的事情。

即使我们难以判断技术本身的风险，那么，技术发展可能导致的政治问题却是非常现实的。技术进步是否会在将来发展出一种无人对付得了的新专制？这是完全可能的，只要人愿意这样做。比如说，人类贪图技术为每个人提供的“全面”服务，于是接受了技术系统对每个人的信息感知和监控，每个人无论走到哪儿，都有感知器马上感受到一个人的全部信息，并且为每个人提供一切“有用的”信息，从而为每个人提供优质服务。但每个人也可能因此对技术的全方位服务产生无法摆脱的依赖，就像毒品依赖（事实上目前的网络和手机已经初步形成毒瘾）。全方位的服务似乎提供了尽量多的自由选择和充分的平等，但同时也因此操纵了每个人的生活和思想。这将是一种全新的专制，它通过供给自由和平等而实现专制。这似乎是一个悖论：每个人好像是自由而平等的，但所有的“自由选项”都被全面服务所定义和预制，因此自由失去了任何创造性。这会是一种非常舒服的新专制，它提供了人人想要而且离不开的最好服务，这意味着，未来的新专制将通过自由和民主而获得成功。

或许有人可以拒绝那些服务，但恐怕很少有人会去行使这项自由权利，因为那样的话，人就将失去生活所需的各种服务。当服务成为覆盖生存所需的系统化供给，也就成为人人无力以抗的最高权力，却又不是强制性的权力，而是操纵性的权力。人人都会“自愿”被控制，因为人人需要整个技术系统所提供的生活服务。就目前情况而言，银行、互联网、传媒、市场等系统已经初步或部分实现了服务与权力的合流，可以想象，未来的技术体系将形成提供全面系统化服务的全面专制。以为在经济和技术高度发达之后，生存问题就得到彻底解决，而只剩下自由和民主的生活，这是现代幻觉，而且是自由主义和共产主义的共同幻觉。与此相反，高度发达的技术将把每个人的基本生存条件深深植入在复杂的技术系统中，生存反而变成了一个比古代生活更复杂的难题，不再是双手劳动就能够解决的简单问题，而是需要把自己融入系统才得以生存的、烦琐而毫无成就感和创造性的机械过程。

未来的权力或许取决于服务：“服务就是权力（service

is power)”。[1] 更方便、更配套、更全面、更大覆盖的全球服务将成为全球时代新权力的基础。毛泽东曾经指出，权力必须“为人民服务”。当时或许只是政治上的美好愿望，在今天看来，这个口号似乎隐含着某种无意说中的超前信息：为最多的人提供服务就能够获得最大权力，即最大服务能够兑换为最大权力。必须提醒的是，权力的目的却不是服务，而是通过服务去获得专制权力。未来人类或许将不得不归顺于全面的服务系统，在系统的催眠中“自愿地”被体制化（institutionalized）。新型专制不是现代自由和民主所能解决的问题，因为这个否定自由和民主的新专制正是借助自由和民主而成功的，它是自由和民主的一个悖论性的产物。现代人发展了市场和民主而打倒了专制，可是，充分发展的市场和民主却产生了新型专制。这种似乎不合理的转换却偏偏势在必然：民主和市场是同构的，都是大众选择，都是避免权力垄断的有效方式，可问题是，权力要比民主和市场聪明得多，权力不会放过任何机会，新权

1 可参考《两面之词》（本书作者与雷吉斯·德布雷，北京：中信出版社，2014 年版，179~183 页）中作者和德布雷对这个问题的讨论，文中类似说法为“服务就是力量”。——编者注

力采取了新策略，先迎合大众选择，进而制造大众选择，最后控制了大众所需要的服务，终于通过民主和市场的选择而实现了权力的新专制。这种新专制的强大之处在于它具有无法摆脱的寄生性，它就寄生在市场和民主之上。这让人想起柏拉图的预言：政治是循环的，专制使人谋求民主，而民主终将蜕变为专制。这个问题目前无法解决。

其中的一种危险是新专制的系统化权力（systematical power）所蕴涵的系统化暴力（systematical violence），它无处不在地存在于系统化的生活方式中，是一种无处申冤、难以指控的暴力，没有为之负责的特定行为主体，压迫者正是整个生活所需的系统（如果没有记错的话，齐泽克控诉过此类暴力）。系统化的暴力不仅来自技术和经济系统，还有信息系统和话语系统等等所有能够把人和事情加以体制化的系统。系统化的暴力并不直接伤害人，而是通过规则、制度和程序去剥夺自由，限制各种可能性，程序正确地进行控制。这种控制是一种难以界定的罪行，它通过人们认可的游戏规则去“合法地”控制心灵。相比之下，专制政府只是使人敢怒不敢言的低水平专制，系统化暴力则是高水平的专制，它通过规定观念数据库的方式使人失去反思能力，人在思想时只能找到被系统认证为政治正确的词汇。系统化的专制产生伪思想，其实只不过像机器人一样重复指令，或者通过搞乱词汇的意义而生产混乱的思想，当思想的表达只能选择政治正确的词汇，就只好用正确的词汇去表达罪恶。比如说，发动战争的理由是人权，宽恕杀人犯的理由是人权，而为受害人申冤而惩罚杀人犯却变成了违反人权。目前有目共睹的现象是，众多媒体甚至学术观点的话语如此相似，这一点非常危险，因为只有白痴的话语才是普遍相似的。几乎有理由相信，传媒供给的话语已经变成了现代神学。这种对心灵的奴役才是深刻的暴力。

民主已经被绑架了，而且难以脱身，因为民主自身有着难以抵抗绑架的一些众所周知的弱点。比如偏好加总（aggregation of preferences）就是一种很不完美的公共选择，个人理性选择的加总（the aggregation of individual rational choices）往往反而形成非理性的集体选择（collective irrational choice）；民主也难以阻止利益集团支配宣传和选举，因为那些操纵手段都是程序合法的。还可以考虑一个比较隐蔽的问题：宪法似乎是最后的保障，可是，宪法自身的合法性如何被确定？这一点始终不清楚。民主通常被默认为宪法的合法性证明，但这个证明很有可疑之处。逻辑上说，既然宪法的有效覆盖范围是全体公民，那么，宪法就必须是每个公民一致同意的普遍契约。要证明什么是全体公民一致同意的事情，这是个难题。显然，多数意见不等于全体一致意见，因此，在理论上说，只有普遍理性（universal reason）才能够证明什么是普遍一致的意见，但问题是普遍理性不可能由民主去定义。

当人们还在捍卫和享受现代民主的时候，新权力已经暗中修改了民主，正在使民主（democracy）蜕变为“代主”（publicracy）[1]。我使用publicracy来说明，原来基于个人选择的民主正在变成基于公共意见（public opinions）的政治。支配人们选择的公共意见是媒体和流行观点所表达的意见，而公共意见又是被系统化权力制造出来的，其中有一个从心灵被诱导而体制化到自愿体制化的过程。值得注意的是，“代主”（publicracy）并非民主的反面，而是民主所蕴涵的

1　Publicracy是作者按照democracy的构词格式自创的英文词，可参考作者另一著作《两面之词》（北京：中信出版社，2014年版）中的用法。——编者注

一个结果。权力绝不会放过支配他人的机会，既然民主创造了公共领域，那么，权力就有机会隐蔽地支配公共领域而以“代主”去架空民主，使民主变成专制的外壳，而真正的权力是制定游戏规则和颁发游戏奖品（生活收益）的系统。从逻辑可能性上说，publicracy并不必然是专制的。假如公共意见不是幕后权力的产品而是普遍理性的结论，就有可能是一种良好政治。亚里士多德当年期望理性辩证法能够取代哗众取宠的广场辩论，就是在追求一种良好的publicracy。

全球化产生的新权力并不是以边界为存在方式的现代政治主体，而是采取了全球网络方式的新主体，这预示着一种政治的根本变化。如前所论，政治的主体单位，也就是利益的运算—结算单位，决定了一种游戏的规则和思维方式。现代的基本主体单位，个人和民族国家，都是追求自身利益最大化的主体，因此现代游戏必定是竞争性和对抗性的。那么，全球游戏的利益运算—结算单位又是什么？我不敢肯定我对全球游戏的理解是无误的，因为全球游戏还有很大余地尚未展开。就目前可见的事实而言，似乎可以说，在全球游戏中，运算—结算单位是“网络式存在”（network existence）。这意味着一种超出主权国家概念的新型主体的出现，它一开始是，至今还仍然是经济利益的新主体，但就其发展潜力而言，非常可能在未来变成与主权国家并存甚至操纵主权国家的政治新主体。

随着全球化的深入，可以看出，全球化的最大收益者并不是任何国家，而是以网络方式存在于全球的新权力单位。世界金融资本体系、新媒体体系（互联网和手机）以及其他高技术体系才是目前全球游戏的最大受益者，而且有希望成为世界上的最大权力。尽管金融体系、媒体系统以及其他技术体系目前仍然部分地受制于国家，但从实际运作和前途去看，所有网络式的权力体系都在扩大其网状权力，在全世界像蜘蛛一样到处结网，无孔不入地逐步控制一切行为空间和言论空间，逐步绑架和操纵各国（目前已经部分实现），逐步把各国政府变成全球资本和技术系统的代理人。媒体决定了什么是能够受到欢迎的意见，金融资本决定了什么是能够获利的行为，高科技决定了未来的一切可能性。全球金融体系、新媒体体系和高科技体系正是初步成形的新专制权力，它们以完全不同于主权国家的方式去统治世界，尽管目前只是初步的统治，主要限于经济，但非常可能在未来演变成为真正的政治权力。

权力总会找到最合适的路径和空间去生长，权力总会采取新形式去适应新游戏，网状存在正是全球化条件下权力的最佳生存条件，因此，凡是能够像网络般生长的系统都会成为全球游戏的权力集团成员。这种新权力不需要组建政府，也没有军队和警察，它通过提供普遍和必要的“最好服务”造成人民的依赖性而支配了人民，并且通过人民对系统的依赖而进一步支配国家和政府，正是在这个意义上说，服务就是权力，更准确地说，资本、技术和服务三位一体的结合就是权力——资本绝不会错过与一切新技术合作而获得权力的机会。未来的新权力将具有明显超过政府和国家的控制能力，从而成为真正的新政治主体，与现代主权国家的“边界权力”相比，可称为“系统化权力”（systematical powers）。

系统化权力所定义的全球游戏改变了政治的存在论条件（ontological condition）。系统是由关系（relations）构成的，实体单位（国家和个人）将退居次要地位。在全球系统化的条件下，关系的性质决定了实体的性质，或者重新定义了实体的性质，同时也定义了新游戏的有效行为和规则。存在（existence）不再具有完整性和独立性，而变成共在（co-existence）的一个函数。这似乎验证了天下概念所蕴涵的形而上学原则：共在先于存在（existence presupposes coexistence）。一旦各种存在之间形成了更强的相互依存性，最大的生存机会或最成功的生存方式就不再是谋求排他利益最大化的现代策略，而是谋求共享利益最大化的世界内部化策略。在互相依存的条件下，追求排他利益最大化必定自我挫败或自取其祸。为什么帝国主义的霸权效果越来越差？原因就是全球游戏的存在条件变化了，当共在利益超过了排他利益，对抗性的策略也就无利可图了，甚至得不偿失，只有系统化权力才能通过控制共同利益而获得其中最大利益份额。

在可以想象的将来，各种全球化系统将把世界更加紧密地联系在一起，全球的系统化正是为世界的新天下体系所准备的物质条件，但系统化的物质世界不会自动演变为“天下”，因为全球化的世界仍然不具备天下的精神性，自私的系统化权力不会去建立一个利益共享的世界制度。属于所有人的世界必须按照世界理念去生成，世界理念就是管子原则“以天下为天下”或者老子原则“以天下观天下”，可这个世界理念显然不是系统化新权力的意图，以全球资本、技术和服务三位一体为代表的系统化权力，虽然是不同于主权国家的新型政治主体，却仍然只谋求自身的利益最大化和权力最大化，试图成为新专制世界的统治者，而不是成为世界共同利益的庇护者。就其潜在能力而言，或许比现代帝国主义更危险。

我们不可能知道未来将发生什么事情，但可以分析未来的可能性。假定新兴的全球系统化权力维持其“资本—技术—服务”三位一体的结合模式不变，并且由经济权力进一步发展为政治权力，那么有这样的可能性：（1）对全球剥削的兴趣大于对战争的兴趣，因此会尽量避免战争。这一点算是进步，但不排除在某些情况下会操纵主权国家发动局部战争以清除个别顽固障碍。（2）一旦具备完全控制世界的能力，对权力的兴趣就会超过对经济利益的兴趣。系统化新权力的理念非常可能是“技术理想主义”，试图以高新技术去不断改变和重新定义所有人的生活，这个理想一方面需要提供优良服务，另一方面需要专制权力。（3）对技术无限发展的兴趣是其最高兴趣，至少与对权力的兴趣并列。系统化新权力很可能会使科学技术变成未来的唯一宗教，无所顾忌地突破所有文化禁忌，彻底挑战自然、神和道德传统，因此非常可能发展出一些极度危险的技术成就，特别是以生物学、人工智能以及新能源相结合的“革命性”成就。关于可能出现的惊人技术成就，科学家们有着多种推测，何者更为真实尚未可知，但有一点可以肯定，未来的技术可能使人具有超强能力，却不可能使人具有与其能力相应的高尚道德（道德是文化，不是技术的品质）。因此，没有禁忌的技术发展导致人类末日的可能性远大于幸福生活的可能性。（4）技术革命非常可能产生具有超强能力和绝对权力的“超人”统治。在最弱意义上说，超人集团是一个新的统治阶级；而在更强的意义上说，超人将是一个极其强大的新物种，实力悬殊使革命失去了可能性，绝对强大的超人统治使阶级斗争成为古老故事，甚至出现“物种主义”而使种族主义成为可笑往事，所谓文明冲突也将成为历史。

技术革命将使今天我们的绝大部分政治问题不复存在。正如维特根斯坦所提示的，有些问题的解决不是因为找到了答案，而是因为问题消失了。旧问题消失了，可是世界末日将成为一个严肃问题，而不再是一种文学想象。我们不断重复的一个问题是，如果没有一个创造共享利益的世界制度去改变追求自私利益最大化的行为逻辑，当无限发展的技术与无限自私相结合，就非常可能导致人类末日或文明的终结。人类试图拥有征服自然的技术，却保留自私的自然本性，这是存在论上的一种不平衡，而这种不平衡将可能导致人类的毁灭。改变自私的自然性是不可能的，如果一个生命失去自私的自然性，就直接失去保护生命自身的机制，也就无法存在了。同时，既然作为自然的一部分，人就必须服从自然，只要超越了自然就非常可能失去控制而自我毁灭。自然秩序是科学技术不应该超越的存在论界限。所以说，技术的无节制发展将是人类生存的最大危机。

系统化的新权力的技术专制尚属于未来，更为迫切的危险是，目前仍然维持着霸权地位的帝国主义对充满风险的技术发展同样有着巨大兴趣，试图以此维持霸权。发展风险不可测的技术实为非理性行为，而这种非理性行为却来自支配世界的最大权力，因此，不可能指望能够通过国际组织去阻止国家权力或系统化权力的任何非理性行为。只有建立一种高于国家体系的世界普遍秩序才有可能制约帝国主义霸权以及全球系统化的新权力，才有可能使世界免于无法脱身的技术专制，或者使世界免于疯狂和毁灭。新天下体系的意义就在于此。

6 新天下的词典

我们在前面讲述过古代天下体系的故事，那是在千年不遇的特殊历史状态中发生的政治创制。今天的全球化状态又是一个非常特殊的历史状态，虽与3000年前的问题完全不同，却需要相似的政治创造。为了使世界免于霸权体系的支配，也为了让世界免于未来可能的高科技战争或者技术系统的全面专制，我们需要创制一个新天下体系，一种属于世界所有人的世界秩序，从而超越现代以来的霸权逻辑。在此，古代的天下体系具有今日世界之当代性和明日世界之未来性。

新天下体系要解决的是当今世界的问题，因此不可能是古代天下体系的翻版。新天下体系并非人类普遍幸福的神话，而只是一个谋求人类普遍安全以及共享利益的制度；也绝不是统治世界的一种新体系，而是世界的

“无外”（inclusive）监护体系，它试图监护世界以共在（coexistential）方式作为存在方式，放弃自现代以来的排他（exclusive）存在方式，从而避免人类命运的彻底失败。

我们无法预想未来天下体系是否能够实现，也无法预想未来天下体系的具体制度安排，因为无法预知未来社会的情况。但假如未来天下体系是可能的，新天下体系的“词典”里将可能包含一些与古代天下观念有着继承关系的关键词。这里采用罗尔斯称为“词典式排序”（lexical order）的方式加以解释，[1]不过，这里对排序的理解与罗尔斯略有不同。罗尔斯的排序是为了明确前者“优先于”后者，即前者的重要性高于后者，从而避免出现并列重要的选择难题；我们这里的排序只是明确前者在逻辑上先于后者，即前者蕴涵后者，而后者落实前者，却不包含重要性的比较，因为前后者皆不可或缺而同样重要。

1. 天道。天道即自然之道，是一个自然神学或形而上学概念。天道不需要证明，因为天道已经在所有事物的

1　John Rawls: *A Theory of Justice*. Cambridge, Mass.: Harvard University Press, 1971, pp.42~43.（约翰 · 罗尔斯:《正义论》，中译本 2001 年由中国社会科学出版社出版。——编者注）

存在方式中充分显示出来。孔子认为天不言而只示意，即为此意。按照维特根斯坦的相似说法，天道属于“不可说的”。天道是人的存在界限，人不可能超越界限去证明天道；换句话说，天道是先验的（transcendental），凡是违背天道的事情都是自取灭亡的行为，相当于自我否定。天道（the way of nature）不是科学对象，不是科学所定义的自然规律（the laws of nature），而是自然保持自身和谐的变化方式（the way of auto-harmonizing）。自然保持自身和谐的存在方式被认为是人的存在方式的参照标准：

1.1 配天。既然天道是一切存在得以存在的标准，那么，从属于天道的人道就必须符合天道，即配天。配天意味着自然是自由的限度，万物是人的尺度，这是天意。与此相反就是逆天，就是说，如果自然被理解为自由的征服对象，或者人的意志被理解为万物的尺度，就是逆天。人如果背叛天意，或者说是背叛存在的本意（telos of being），就将会因为人为制造的自然失衡而自取灭亡。因此，天道是人的存在之绝对限度，人只能在天道的界限内进行自由创作（比如，发明车轮，发明语言，发明抗生素，这些都是符合天道的创作。但是，发明核武器，用基因工程创造不死的超人，发明人机一体的新物种，就是逆天的创作）。人类自由的天道界限大概意味着，如果一种自由创作蕴涵着人类的自由能力无法控制的可能风险，那么就是逆天的。天下体系的最基本责任就是以制度权力去限制人类无法承担后果的逆天行为，特别是后果不可控制的技术冒险或政治冒险，这是为了保证人类的生存安全。

1.2 生生。既然自然产生万物，自然之本意就是让一切存在都能够继续存在，让一切生命都繁衍生息。一切存在都能够存在，最重要的条件就是共在，或者说，如果不能共在，就没有一个存在能够存在。天意如此，天下体系之意图也必当如此，必以普遍受益的制度去维护世界的多样性，并以共在原则去建构相辅相成的存在关系，使世界的共在利益大于排他私利。

1.3 无外。人类共在的必要条件，或者说人类普遍安全或永久和平的关键条件，就是天下无外，即世界的内部化，使世界成为一个只有内部性而不再有外部性的无外世界。天下体系将成为一种无外的监护制度而维护世界的普遍秩序。这是一种反帝国主义或反霸权制度，因为天下体系属于世界而不属于任何国家，即“以天下为天下”（管子）

之意，也是“天下为公”（《礼记》）之意。无外世界的理想状态是达到四海一家，即天下为所有人共有而达到家庭性。这个“无外世界”的理想版本未必能够实现，我们期望的只是“无外世界”的基本版本，即世界的内部化。

2. 关系理性，即人道的基本原则。人道既以天道为准，就必定以维护所有人的普遍安全为第一要义。因此，人道的理性原则就是关系理性，首先考虑的是互相安全，以排除战争为基本要求，并且把竞争限制在互相最小伤害的范围内。天下体系的制度理性以关系理性作为原则，因为天下不是一种排他性的存在单位，而是最大规模的共在单位。于是有：

2.1 互相伤害最小化。这是生生原则的一个直接运用。互相伤害最小化是共在关系的必要条件，它满足了最大限度风险规避的理性选择，是最彻底的理性原则。既然互相伤害最小化意味着最小风险，因此在理性选择上明显优先于自身利益最大化。

2.2 相互利益最大化。这表达的是德与和的策略，即普遍受益的策略与利益互补的策略。如果说互相伤害最小化是一个消极的（negative）理性原则，相互利益最大化则是一个积极的（positive）理性原则。不过，相互利益最大化是否比自身利益最大化更为理性，却无法直接比较，而需要在具体条件下才能确定。既然天下以全球化的互相依存状态作为条件，那么，在人们高度互相依存的条件下，相互利益最大化就比自身利益最大化更能够促进每个人或每个国家的利益，因此也是更为理性的选择。在这个意义上，相互利益最大化也优先于自身利益最大化。具体落实为：

2.2.1 孔子改善。相互利益最大化的基本含义源于孔子原则“己欲立而立人，己欲达而达人”[1]。孔子原则是一个广义的普遍原则，具有政治、经济和伦理的多面意义，在伦理学中也被称为孔子原则的积极表述，与《圣经》金规则的积极表述有比较大的差异（孔子原则的消极表述“己所不欲勿施于人”[2]则与《圣经》金规则的消极表述完全一致）。这里我们在政治经济学的意义上理解孔子原则，即“孔子改善”，基本含义是：如果一种制度是普遍正当的，当且仅当，这种制度能够保证，只要社会总体利益得到帕累托改善，每一个人的利益也必须无例外地实现帕累托改善。也

1 《论语·雍也》。

2 《论语·卫灵公》。

就是说，社会总体利益的帕累托改善必须也是每一个人的帕累托改善，不仅仅是无一人利益受损，而是无一人的利益不得改善。

2.2.2 损补之道。源于老子“天之道，损有余而补不足”[1] 的自然平衡调节原理。老子相信，如果某种事物过度发展，或者某些人的利益过度增长，必定导致失衡，而失衡必定导致灾难，因此必须限制失衡。老子原则与罗尔斯的济贫原则即“有别原则”（difference principle）有部分相通之处，但理由有所不同。罗尔斯原则以平等为理由；老子原则却与平等毫无关系，而是出于存在论的平衡理由，即一切事物只有处于平衡关系中才能够存在，失衡会导致任何事物失去活力，即使是获得最大利益的事物也会因为过分的利益而衰落，正如老子所言“物或损之而益，或益之而损”，因此减少强者的利益也是在保护强者的存在，否则“强梁者不得其死”[2]。可见，老子原则并不是出于偏心弱者的平等，而是以平衡去保证所有人的生存活力，也就保证了所有人的相互利益。这种平衡原理很可能来自《周易》的

1 老子:《道德经 · 第七十七章》。

2 老子:《道德经 · 第四十二章》。

阴阳平衡概念，其中的“阴阳”是形成平衡的功能性隐喻，意味着一切存在的活力在于动态平衡。

2.2.3 互相拯救。这是相互利益最大化原则中最为积极的目标，虽然具有理想性，但并非没有现实性。互相拯救就是充分实现的“德”：“免人之死，解人之难，救人之患，济人之急者，德也，德之所在，天下归之。”[1] 意思是，如果不讲交易条件或附加条件而拯救他人或其他国家于危难之中，就实现了充分之德，天下就接近四海一家的概念了。

3. 兼容普遍主义。这是古代天下体系另一个具有当代意义的遗产。世界上存在着多种文化价值观的分歧甚至冲突，这是一个给定的事实。一神论的思想模式倾向于把自己的价值观看作是世界的主导价值观，称为普遍价值，而把其他价值观看作是可以宽容的文化“多样性”（diversities）。这种“宽容”（tolerance）并不是对其他文化的尊重，而是将其他文化置于衬托着主导文化的边缘地位。宽容的概念暗含着不平等的意思。天下体系承认文化具有“多元性”（pluralism）而不是衬托性的“多样性”。关于普遍价值的理解中有一个隐秘的错误：通常，普遍价值被理

1 《六韬 · 卷一 · 文韬》。

解为“可以用于每个人”（applied to every individual）的价值。可是这种理解是逻辑无效的，因为每种文化都相信自己的价值观可以普遍用于每个人。于是必定导致一个悖论：既然某一种文化可以把自己的价值观理解为适用于每个人，那么，每种文化都可以把自己的价值观理解为适用于每个人。这个结果只能定义特殊主义而不是普遍主义。与此不同，兼容普遍主义将普遍价值理解为“可以用于每种关系”（applied to every relation），就是说，普遍价值只能以“关系”去定义而不能以“个体”去定义。兼容普遍主义所定义的普遍价值能够避免悖论。于是：

3.1 凡是能够以对称关系去定义的价值就是普遍价值。 所有文化中的金规则，比如孔子原则或者《圣经》金规则，都表达了对称关系所定义的普遍价值，这是对关系性的普遍价值的实证；对称关系所定义的普遍价值必然能够获得普遍承认，这是对关系性的普遍价值的逻辑证明。

3.2 凡是不能以对称关系去定义的价值就是特殊价值。 特殊价值意味着某种文化的集体偏好，只适用于一种文化的内部，但不适用于外部关系，也就是不能强加于人。

未来无法预知，因此，天下体系的“词典”也保持其开放性。这里所讨论的天下体系词汇都不同程度地继承了古代天下体系的基因，但这些古代思想基因都在当代问题里被重新叙述而被赋予新义。这意味着，如有新天下，也不同于古天下。关于新天下，许多海外学者有个疑问：假如未来世界真的成为一个天下体系，将是谁的天下？谁的秩序？会不会通向中国霸权？换句话说，虽然天下体系在理论上考虑的是世界利益，但其中是否隐含着中国对世界的统治方案？正如William A. Callahan 具有代表性的说法，天下体系可能是“中国治下之和平”（Pax Sinica）。Callahan质疑道：“赵汀阳指出西方以牺牲他者的利益而推广其特殊的世界观，这个批评很有道理，可是，他不也在做同样的事情？难道他不是试图把特殊的中国概念推广至世界？”[1] 然而，“并非所有人都愿意被纳入天下体系”[2]。这个问题很有意义，我想说，尽管天下概念是一个来自中国的概念，但它的意义属于世界，就像人权概念来自欧洲，但属于世界。关于“不愿意被纳入天下体系”的问题，Callahan恐怕混同

1 William A. Callahan: Tianxia, Empire and the world. In Callahan and Barabantseva (ed): *China Orders the World.* Baltimore, Maryland: The Johns Hopkins University Press, 2011, p.105.

2 Ibid, p.104.

了天下体系和现实中国，他相信，今天世界上许多民族或国家就并不愿意被中国统治。这个判断显然为真，却是个文不对题的无效证据。今天的中国是个主权国家，不是天下，针对现代中国的疑问不能用于质疑天下体系。我对天下体系的论证试图说明：（1）天下体系是属于世界的，而不属于某个国家。（2）天下体系是开放性的，是对所有国家和人民的普遍邀请。（3）更重要的是，天下体系试图创造一种普遍互惠的存在关系，使世界共同利益和共享利益大于排他利益，从而使得加入天下体系的吸引力大于拒绝天下体系的算计。当然，假如未来果真形成一个满足理论要求的天下体系，也未必每一个国家都愿意加入，所谓人各有志。

至于未来是谁的天下，这是个无法回答的问题，因为没有人能够预知未来，最多给出一个博尔赫斯式的回答：未来是时间的分叉路径，可能这样也可能那样。可是这个回答显然令人不满，因为这不算是个答案。这个问题真正问的是，我们应该期望谁的天下？不过，即使在这个意义上，我也无法期望“谁”的天下。这是一个或多或少被现代思维模式所误导的问题，按照现代政治的逻辑，似乎必须有某个最强的国家或民族在世界竞争中最后赢得胜利而建立一种支配世界的秩序。这个现代的想象即使在今天的条件下也已经变成幻觉了，在未来世界里恐怕更是幻觉。正如前面讨论过的，以国家为单位的权力正在失去实权，而另一种正在兴起的新型权力，即系统化权力，正在以全球系统化的方式逐步支配和控制多个国家的权力，系统化权力非常可能在未来拥有世界政治的实权，而国家只是拥有权力的代理权。未来世界几乎不可能成为一个国家霸权体系，而是国家霸权体系的终结，因此——说到这里已经属于猜想了——新天下体系更可能是建立在各种全球系统之上的统一监护和监管权力，特别是对全球统一的金融系统、全球共有的互联网和全球共享的技术系统的世界整体监护—监管权力。古代天下体系（周朝）是由宗主国监护—监管万国的网络体系，按照这个制度基因在全球化条件下的演变逻辑，新天下体系有可能是一个由世界共有的机构来监护—监管各种全球系统的网络体系。可以想象，新天下体系不可能属于某个国家，而只能是所有国家（或权力）共有共享的世界权力。这应该是一个最为理性的政治结果。

最后，我想略加讨论另一个不容易讨论的问题：古代天下体系的礼乐制度是否能够成为新天下的一个基因？古代天下体系的设计者周公除了创制了分封制（分治一体的世界政治制度），还创制了礼乐制度。前面我们只是非常简短地讨论到礼乐而没有多加解释，因为礼乐是古代中国的一种特殊文化，不属于世界普遍制度的问题。古人已经考虑到了天下体系是普遍的而礼乐制度是特殊的，因此否定了礼乐的普遍推广，也就是“礼不往教”原则。据说周公参考了夏商两代的文化得失而创制了代表了古代中原高尚生活方式的礼乐制度，作为天下万国的可供借鉴的文化榜样。就是说，周公将礼乐定位为文化榜样，可以被自愿模仿学习，所谓“来学”，却不能强加于人，即不能“往教”。在此可见周公对普遍原则和特殊制度的把握自有分寸。

我愿意提及有关礼乐的一个题外问题，虽不属于世界制度问题，但事关世界的精神性。“礼”意味着对不同的事、人、物分别给予不同的礼遇，即以不同方式去尊重不同的存在。荀子将礼定义为“分”，可谓精准。对不同的存在（人、事、物）的不同礼遇之道具有复合的文化性质：伦理、社会等级和美学意义，是生活价值观的一种整体传达。“礼”创造了可分享的相互敬意，但如果缺乏内在精神，礼的外在形式（礼仪）便不成敬意，孔子说过："人而不仁，如礼何？人而不仁，如乐何？"[1]便是此意；至于"乐"，并不限于音乐，而是意味着赋予一切经验某种可分享的美学表达方式，以可分享的美学方式去表达经验，意在使任性纵情的经验收敛为对情感的敬意或尊重，同时也是对分享者的敬意。

周公创制礼乐的深意或许就在于通过创造对生活细节的敬意而创造生活的神性，通过使一切事物具有神性而使整个世界具有精神性。万物的神性并非来自神，而来自生活的严肃性。这一点与《周易》思想是一致的：自然万物以其变化而向人传达神圣的消息，因此万物都值得尊重，而尊重万物就是尊重天地，就是人道与天道之一致，人的生活也因此具有神性。只有生活中的一切事务具有神性，生活才具有意义。假如流逝的生活不能在自身的消失过程中产生神性，假如神性仅仅属于绝对、永恒、完美的神，那么生活就是无意义的。礼乐正是生活神性的证明，所以孔子才会认为礼崩乐坏是最大的罪恶。一旦礼崩乐坏，人就不尊重一切事物，不敬重万物的尺度，而以人的自由作

1 《论语·八佾》。

为万物的尺度，这样必定最终导致取消任何标准，一切经验、情感或艺术就走向放肆、任性、任意，与瞬间性同质，也在瞬间中消失，没有任何意义可以留存。

政治制度只能保证一个好世界，即一个安全、和平、合作的世界，而一个好世界却未必能够保证好生活，即生活过程本身具有意义的生活。好世界只是好生活的必要条件，却不是充分条件。在这本书里，我只限制于讨论天下体系有可能创造一个好世界的理由，却没有涉及世界如何才能够有好生活的问题。在今天这个失去精神性的世界里，什么样的礼乐才能拯救经验呢？孔子当年就一筹莫展。六经中的《乐经》早已不知所终，以至于难以知晓礼乐之全貌。考古学家在古墓中发现过许多古书，却尚未发现《乐经》。《乐经》的失踪或可看作是一个隐喻。